ORG. RAFAEL BURGOS

# ESCOMBRO

## UM DIÁRIO DA MÁQUINA DO ÓDIO

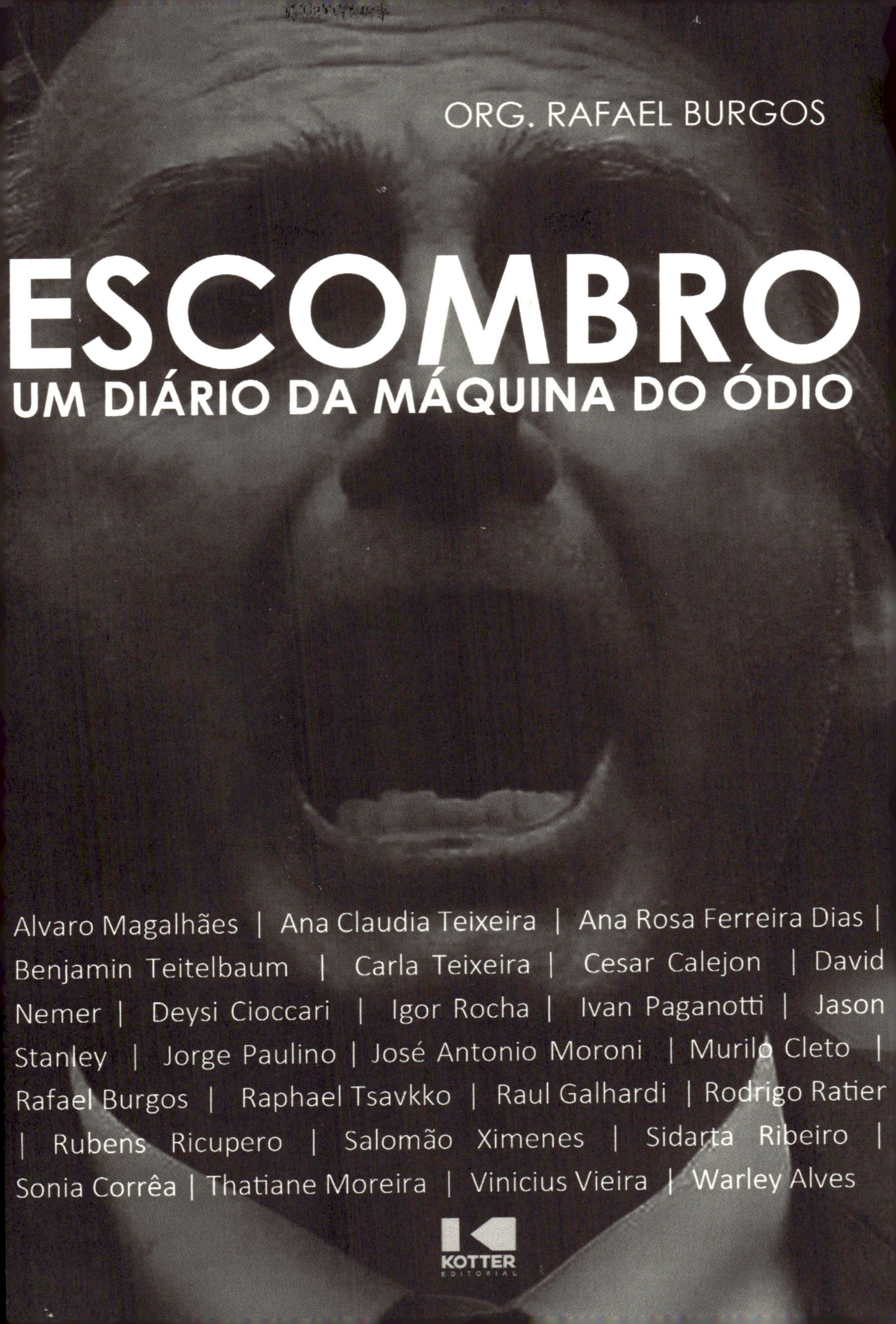

Alvaro Magalhães | Ana Claudia Teixeira | Ana Rosa Ferreira Dias | Benjamin Teitelbaum | Carla Teixeira | Cesar Calejon | David Nemer | Deysi Cioccari | Igor Rocha | Ivan Paganotti | Jason Stanley | Jorge Paulino | José Antonio Moroni | Murilo Cleto | Rafael Burgos | Raphael Tsavkko | Raul Galhardi | Rodrigo Ratier | Rubens Ricupero | Salomão Ximenes | Sidarta Ribeiro | Sonia Corrêa | Thatiane Moreira | Vinicius Vieira | Warley Alves

KOTTER EDITORIAL

**COORDENADOR EDITORIAL**
Sálvio Nienkötter

**EDITOR-EXECUTIVO**
João Lucas Dusi

**EDITOR-ADJUNTO**
Claudecir de Oliveira Rocha

**DESIGN EDITORIAL**
Andre Luiz C. Mendes

**CAPA**
Jussara Salazar

**PRODUÇÃO**
Cristiane Luiza Nienkötter

**DADOS INTERNACIONAIS DE CATALOGAÇÃO NA PUBLICAÇÃO (CIP)**
Angélica Ilacqua – CRB-8/7057

E 73 Escombro : um diário da máquina do ódio / organização de Rafael Burgos. – 1. ed — Curitiba : Kotter Editorial, 2024.
220p.

ISBN 978-65-5361-285-3

1. Brasil - Política e governo - Ensaios 2. Brasil - História 3. Bolsonaro, Jair , 1955- - Governo I. Burgos, Rafael

24-0620 CDD B869.4

**KOTTER EDITORIAL**
Rua das Cerejeiras, 194
82700-510 | Curitiba/PR
+55 41 3585-5161 | www.kotter.com.br | contato@kotter.com.br

**1ª Edição | 2024**

# PREFÁCIO

**Por: Cesar Calejon**

A ascensão do bolsonarismo no Brasil do século XXI promoveu uma reorganização da estrutura social brasileira, não somente na política institucional e nos âmbitos político e social coletivo (trabalho, clube, mercado etc.), mas no cerne das famílias e das relações afetivas das amizades mais próximas. Melhores amigos brigaram. Tios e sobrinhas discutiram. Pais e filhos se desentenderam aos gritos. Foi um período muito conturbado para a população.

Nesse contexto, a partir de 2019, entender o bolsonarismo tornou-se uma tarefa fundamental para refletir sobre as diferentes dimensões políticas, econômicas e sociais do Brasil. Com este objetivo precípuo, surgiu a coluna Entendendo Bolsonaro, no UOL, o maior portal de notícias do País.

Sob o comando do jornalista e pesquisador Rafael Burgos, dezenas de pesquisadores de diferentes campos, da comunicação à psicanálise, da sociologia à ciência política, se debruçaram argutamente no sentido de produzir o que viria a se tornar o espaço mais relevante da Internet brasileira dedicada ao estudo dessa temática.

Ao todo, a coluna Entendendo Bolsonaro registrou uma média anual de 3 milhões de visualizações durante os seus quatro anos de existência e tornou-se uma potência no debate público brasileiro que, para muito além de refletir sobre o momento sociopolítico do Brasil, passou a influenciar, diretamente, a tomada de decisão dos atores envolvidos na cena política por meio das suas publicações – como minha própria experiência pode atestar.

No dia 20 de julho de 2020, publiquei uma entrevista com o diplomata Celso Amorim. "Nem na ditadura a política externa foi tão desastrosa", eis as aspas que deram título ao texto, que apresentava críticas à linha da política externa bolsonarista.

No mesmo dia, o governo Bolsonaro, por meio da sua Secretaria de Comunicação Social (Secom), organizou uma resposta pública via redes sociais para contestar, formalmente, as colocações feitas na publicação. Outras postagens seguiram ao encontro desse exemplo. Dessa forma, a coluna foi fundamental não somente à reflexão, mas para a própria composição da memória pública dos anos de bolsonarismo no poder.

Em *Escombro – um diário da máquina do ódio*, o incansável e competente editor Rafael Burgos reuniu os principais textos que foram publicados na coluna Entendendo Bolsonaro entre os anos de 2019 e 2022, de forma que o livro que você tem nas suas mãos, além de trazer a riqueza de um dos momentos mais tenebrosos da nossa história por meio da elaboração de mais de trinta profissionais altamente capacitados, também reúne as principais publicações da coluna que ajudou a escrever a própria história.

Nesse sentido, o título *Escombro – um diário da máquina do ódio* não poderia ser mais adequado. No fim de 2022, após quatro anos sob a égide do bolsonarismo, o Brasil finalmente encontrava-se sob escombros: mais de 700 mil mortes em decorrência da pandemia, escândalos de corrupção e desvios do governo, um colapso econômico, com desemprego recorde, taxa de conversão do dólar estadunidense em R$ 5,61, o litro da gasolina ultrapassando a casa dos R$ 10 em alguns estados da federação, o botijão de gás de cozinha de treze quilos em R$ 150 e assim por diante. Independentemente de orientação partidária ou política-ideológica, são inegáveis os fatos históricos e materiais que comprovam a devastação sem precedente causada pelo governo Bolsonaro.

Com a economia arrasada, o segundo maior número de óbitos registrados em decorrência da covid-19 em todo o planeta, a explosão da violência, da criminalidade e da intolerância, escândalos de corrupção do governo federal, desavenças internas e externas de todas as ordens, indicadores sociais apontando a deterioração dos padrões de vida e o desmatamento recorde das suas florestas e regiões de preservação, o Brasil viu-se confrontado com os efeitos práticos acarretados pelo uso do ódio, do medo e dos elitismos histórico-culturais combinados às redes sociais digitais. Assim, lamentavelmente para o País, a ascensão do bolsonarismo ainda coincidiu com a pior pandemia do século.

Apesar disso, sobre os escombros do bolsonarismo, o Brasil tem agora uma nova oportunidade de aprender com os seus próprios erros para evitar que tragédia similar volte a se repetir na nação.

Para tanto, a leitura dos capítulos que seguem oferece um conteúdo fulcral a fim de escrutinar o bolsonarismo a partir de um prisma teórico e acadêmico, além de oferecerem um mergulho, agora com algum distanciamento histórico, no calor dos acontecimentos que todos nós, jornalistas e leitores, vivenciamos com enorme perplexidade.

A cronologia proposta por este livro, não tenho dúvidas, representa uma etapa importante no sentido de combater não somente o movimento encabeçado por Jair Bolsonaro, mas todas as possíveis futuras formas de expressões sociopolíticas análogas que assombram o futuro do Brasil.

* *Cesar Calejon é jornalista, mestre em Mudança Social e Participação Política pela USP com especialização (MBA) em Relações Internacionais pela FGV. Autor de obras destacadas sobre o avanço do bolsonarismo entre os anos de 2018 e 2022, publicou, recentemente, "Esfarrapados: Como o elitismo histórico-cultural moldou as desigualdades no Brasil" (Civilização Brasileira)*

# SUMÁRIO

# MARÇO DE 2019

*Nessa altura, o bolsonarismo dava os seus primeiros passos no Palácio do Planalto e, junto com ele, sua máquina de desinformação ganhava novos contornos: se, antes, havia sido posta a serviço de sua eleição, agora, se apoderava dos canais de comunicação do presidente, ministros e influenciadores de extrema direita. O país – incluindo nós, pesquisadores – começava a conhecer, na prática, a indústria de desinformação bolsonarista, inspirada nas estratégias de Donald Trump, quando este ainda ocupava a Casa Branca.*

# COM GUERRA À IMPRENSA, BOLSONARO SE VENDE COMO FONTE DE INFORMAÇÃO

## À MODA DE TRUMP, BOLSONARO CRÊ QUE O PODER POPULAR NÃO PRECISA MAIS DE INTERMEDIAÇÃO

**Por: Rodrigo Ratier e Rafael Burgos**

"Após polêmicas, governo Bolsonaro escala militar para coordenar redes sociais", diz reportagem da Folha de S. Paulo. "Fake news!", reage, no Twitter, o presidente.

Parece lógico esperar por algum tipo de explicação ("a informação é falsa porque..."). Mas a discussão para por aí, sem qualquer detalhe adicional. Apenas o uso do termo *fake news* parece o bastante para descredibilizar a reportagem.

A julgar pelos comentários, a aposta se paga. A grande maioria manifesta solidariedade a Bolsonaro e critica o veículo de imprensa — ainda que seja necessário medir o "efeito-bolha" e uso de perfis-robôs nas interações:

É como se houvesse uma hierarquia de legitimidade entre a fala do presidente e a do jornalista. Apoiadores consideram de antemão que jornalistas são opositores de Bolsonaro, portanto dignos de desconfiança. Ignoram, assim, o debate objetivo do caso.

Para dizer de outra forma: a verdade se torna irrelevante. A polarização direciona o debate de argumentos para uma discussão a respeito de intenções e não de fatos. Estes importam pouco: a argumentação em defesa de Bolsonaro e contra o jornalista independem das circunstâncias que envolvem o episódio.

No caso em questão, esclarecimentos adicionais por parte dos autores são difíceis. A notícia é construída com base no *off the record* (quando a fonte passa uma informação sem ser identificada). Provar que o relato é correto exigiria quebrar o sigilo a que o informante tem direito.

O pano de fundo para a estratégia de Bolsonaro é a desconfiança na mídia. Trata-se de fenômeno global. Em 2019, o Trust Barometer Edelman, pesquisa mundial de confiança nas instituições, apontou um patamar de 47% para a credibilidade na mídia – um nível baixo em relação a outras instituições avaliadas, como empresas (56%) e ONGs (também 56%). A comparação é ruim até mesmo quando se considera a confiança no governo (47%, mesmo índice dos veículos de comunicação).

No Brasil, um dos 26 mercados sondados, a credibilidade é ainda menor: 41%, erosão de 13 pontos percentuais num intervalo de 3 anos.

Há poucos estudos analisando o uso do termo fake news por Bolsonaro em suas redes sociais. Mas paralelos com pesquisas sobre Donald Trump podem ser esclarecedores.

Os pesquisadores Andrew S. Ross e Damian J. Rivers, respectivamente da Universidade de Sydney, na Austrália, e da Future University em Hakodate, no Japão, publicaram uma análise dos tuítes[1] do presidente americano entre novembro de 2016 e agosto de 2017. Eles estavam interessados em saber a que Trump se referia quando usava as expressões "fake news" e "fake media".

Resposta: Trump usa os termos para rotular a mídia tradicional toda vez que aparecem reportagens que o desagradam. Segundo Ross e Rivers, seria uma estratégia de deflexão — a desclassificação do interlocutor. Em outras palavras, Trump joga a culpa em quem o acusa.

Além de servir para descredibilizar os veículos tradicionais, os pesquisadores afirmam que o uso pejorativo do termo — também acompanhado das ideias de "mídia desonesta" ou "mídia injusta" — serve para tentar posicionar o presidente como a única fonte confiável de informação. Ainda que, na visão de Ross e Rivers, o mentiroso seja Trump.

1 Disponível em: https://journals.sagepub.com/doi/pdf/10.1177/2056305118776010.

A análise de suas publicações permite aos pesquisadores classificá-lo como "um distribuidor em série de desinformação, quando sua própria agenda e objetivos são melhor servidos ao fazê-lo".

A atuação de Bolsonaro apresenta semelhanças. O serviço de checagem Aos Fatos apontou que o presidente difundiu 82 informações comprovadamente falsas desde sua posse[2], mais de uma por dia. Os tuítes questionando a Folha e distorcendo uma declaração da jornalista Constança Rezende, de O Estado de São Paulo, são amostra recente de publicações que apresentam um ou mais dos seguintes ingredientes: (1) desqualificação da mídia tradicional com o uso retórico de termos pejorativos, especialmente *fake news* ("extrema imprensa" é outro termo comum entre seus seguidores, usado para se referir a veículos de qualquer linha editorial que critiquem o bolsonarismo); (2) ausência de detalhamento factual que justifique o uso da expressão; (3) recomendações do próprio perfil e de veículos alinhados, por vezes não jornalísticos, como fontes de informação.

Bolsonaro, à moda de Trump, tenta se vender como fonte de informação. Em sua diplomação, exaltando o papel das redes sociais, saudou a "relação direta" entre eleitores e eleitos e declarou: "o poder popular não precisa mais de intermediação".

---

2 Disponível em: https://www.aosfatos.org/noticias/em-dez-semanas-como-presidente-bolsonaro--deu-uma-afirmacao-errada-por-dia/.

# ABRIL DE 2019

*Passados três meses de governo, o país começava a conhecer o papel desempenhado por Carlos Bolsonaro, o '02', figura-chave na construção da imagem do pai desde muitos anos antes da campanha de 2018, desde o papel informal exercido na articulação do 'gabinete do ódio' aos seus traços paranoides, aliás, traços que compartilhava com o pai. Buscar compreender Carlos, à época, se confundia com examinar a face mais genuína e eficaz do bolsonarismo.*

# GOVERNO BOLSONARO: ENTENDA POR QUE É CARLOS QUEM DÁ AS CARTAS

## O "ZERO DOIS" TEM PROTAGONIZADO A CENA POLÍTICA BRASILEIRA SEM CHANCES PARA UM COADJUVANTE

**Por: Deysi Cioccari**

A imprensa reclamou dele. O Congresso reclamou dele. O partido do presidente reclamou dele. O presidente e o vice-presidente da Câmara reclamaram dele. Paulo Guedes reclamou dele.

Carlos Bolsonaro não possui mandato formal na presidência do país e não tem a visibilidade social requerida para falar em nome dos outros, principalmente quando esse outro é o presidente da República.

Mas desde a campanha eleitoral em 2018, quando coordenava as mídias digitais de Jair Bolsonaro, foi Carlos quem falou em nome do então candidato e desde a posse adquiriu visibilidade por meio de seu poder ordenado pelo pai.

A campanha de primeiro turno do atual presidente quebrou quase todas as regras de marketing político, quando utilizou imagens não fabricadas, renunciou a um marqueteiro e abusou da informalidade.

Ao chegar ao segundo turno, a estratégia se tornou ainda mais radical. Ao evitar a ida aos debates e aos eventos de rua com os argumentos de recuperação do atentado à faca e do receio de "ações terroristas", o capitão reformado mostrou mais uma vez a força das redes sociais.

Se tudo parecia improvisado, o crescimento consolidado a cada pesquisa mostrou um preparo, sob o ponto de vista da comunicação, poucas vezes visto num candidato. O aparente amadorismo foi capaz de angariar apoios e colaboradores espontâneos. Isso tudo comandado pelo filho Carlos, que, além de coordenar a comunicação do pai, não escapou de atritos com integrantes da campanha.

Gerindo as redes sociais de Jair, Carlos deu o tom informal que aproximou o então candidato de grande parte da população que se sentiu representada pela alcunha do "mito".

Carlos foi cotado para chefiar a Secretaria de Comunicação da Presidência da República, mas, após críticas de nepotismo, manifestou-se dizendo que deixaria, inclusive, a comunicação das redes sociais do pai. Contudo, desde que, segundo ele, deixou de atualizar as contas do presidente eleito, Carlos intensificou as críticas à imprensa, a quem, no Twitter, culpou por ter seu plano frustrado:

> *"Quem é o próximo cotado para assumir algum posto, querida mídia?"*

Na época, foi indicado o nome de Gustavo Bebianno como ministro-chefe da Secretaria-Geral, que abrigaria a Secom. Ao contrário do que aconteceu com os outros 12 ministros, sua escolha foi a única não divulgada por Bolsonaro nas redes sociais. Bebianno e Carlos travavam uma batalha desde a campanha, e a escolha do advogado para a Secretaria-Geral intensificou o mal-estar.

Mas chegava então a posse do presidente eleito, e foi justamente Carlos quem desfilou no Rolls-Royce em 1º de janeiro de 2019. Sua presença no desfile de posse não é a simbologia de um pai que leva um filho no carro da posse, mas a confirmação de seu poder.

Após a posse, foi Carlos quem deu as cartas nos primeiros meses de governo. A primeira crise foi gerada por ele. Em tuítes, Carlos Bolsonaro acertou seu alvo antigo: desmentiu o ministro Gustavo Bebianno (Secretaria-Geral), o mesmo que, logo depois, se tornaria a primeira queda do governo Bolsonaro. Carlos disse que o ministro mentiu ao afirmar que falou com o presidente durante sua internação:

> *"Ontem estive 24h do dia ao lado do meu pai e afirmo: "É uma mentira absoluta de Gustavo Bebbiano que ontem teria falado 3 vezes com Jair*

> *Bolsonaro para tratar do assunto citado pelo Globo e retransmitido pelo Antagonista."*

De acordo com "zero dois", o ministro teria faltado com a verdade ao dizer que conversara com o presidente e que estaria tudo bem em relação às suspeitas de uso de candidaturas laranjas pelo PSL na eleição passada, quando Bebianno presidiu o partido.

A dureza com que Carlos Bolsonaro tratou Bebianno deixou claro que ele falava em nome do presidente da República. Em seguida, em 3 de março de 2019, Jair Bolsonaro utilizou as redes sociais para defender seu filho das acusações de que vinha se intrometendo na administração do governo. Através de sua página no Facebook e no Twitter, o presidente lembrou que foi por causa de Carlos que saiu vitorioso na campanha eleitoral de 2018.

O "zero dois" tem protagonizado a cena política brasileira sem chances para um coadjuvante. Despachou no gabinete do pai enquanto este estava em viagem oficial aos Estados Unidos. À época, disse ele no Twitter:

> *"Em Brasília. Dentre muito o que conversar com amigos Deputados Federais e desenvolvendo linhas de produção solicitadas pelo Presidente Jair Bolsonaro"*

Carlos conseguiu, ainda, irritar o presidente da Câmara, Rodrigo Maia, que chegou a procurar interlocutores no governo afirmando que era preciso contê-lo sob o risco de o deputado abandonar a articulação para aprovação de uma das maiores promessas de campanha, a reforma da Previdência. Tudo porque, novamente no Twitter, o filho "zero dois" de Bolsonaro compartilhou a resposta do ministro da Justiça, Sergio Moro, à decisão de Maia de não priorizar o pacote anticrime, que prevê medidas de combate à corrupção:

> *"Há algo bem errado que não está certo!"*

Acreditar que tudo isso é feito sem a concessão do pai seria desconhecimento do jogo político. Trata-se de uma estratégia de comunicação endossada por Bolsonaro dentro de uma guerra cultural do nós contra eles, onde o "eles" é sempre um inimigo não específico a ser combatido.

Uma tática específica desenvolvida desde a campanha, na qual a polarização PT x PSDB deu lugar a uma disputa de narrativas em que não há mais a preocupação do debate, mas pura e simplesmente confirmar que o outro, o inimigo, está errado.

O combate à "velha política" não é algo novo, bem como o conflito intermitente. O ideólogo nazista Carl Schmitt afirmava que a política é um campo próprio e o político tem que ser autônomo. Na mesma linha, Bolsonaro segue o discurso já preconizado pelo autor de que o objetivo do político é essa noção de amigo-inimigo, da mesma forma que o domínio da moral é determinado pelas noções de bem e mal e o estético pelas de belo e feio. Mas Bolsonaro esbarra, e é o que vemos após cem dias de governo, na incapacidade de estabelecer unidade.

Dos três filhos do presidente que atuam na política, Carlos possui a fala mais beligerante, estratégia que cumpre um papel importante nessa lógica amigo-inimigo. Se há coisas difíceis e politicamente complicadas que um presidente não pode e não deve dizer, é útil que haja quem diga por ele. Assim, Bolsonaro se preserva (ou deveria), adotando tom mais moderado (deveria), como pede o cargo, mas conta com um aliado estratégico. Nesse caso, o "zero dois".

A crise de credibilidade que atinge o governo Bolsonaro culmina, em pouco mais de cem dias, com o isolamento de quem parece não entender ainda que está no posto mais alto do país. Bolsonaro refuta a formalidade e liturgia do cargo com indiretas por redes sociais.

Recorrendo novamente a Schmitt, o antagonismo amigo-inimigo é, de todos, o mais forte e intenso, que não afasta de si a possibilidade de provocar ou mesmo de sofrer a morte física. É o grau extremo da política, aplicado ao limite da sua conceituação.

Mas Bolsonaro parece não perceber que chegou ao limite. Mantém seu filho como peça fundamental do seu "novo" estilo de governar. E, quando todos reclamam: "Está leve demais" – responde o presidente. – "Pode bater bem mais forte".

## MAIO DE 2019

*Principalmente a partir de estudos sobre a ascensão do trumpismo nos Estados Unidos, começava a aparecer a presença da "revolta contra o politicamente correto" no discurso da extrema direita brasileira. E muitos faziam questão de destacar: talvez essa aliança em torno dos "trolls" e da "zoeira" de internet fosse mais determinante para o bolsonarismo do que muitos queriam acreditar.*

# ANTES DE GUEDES, GENTILI FOI PONTE ENTRE BOLSONARO E LIBERAIS

## O POLITICAMENTE INCORRETO PODE TER SIDO A SEMENTE DE UM INESPERADO FENÔMENO ELEITORAL QUE ELEGEU DEFENSORES DO ESTADO MÍNIMO ADOTANDO UMA LINGUAGEM PROVOCADORA CONTRA MINORIAS

**Por: Ivan Paganotti**

Muito antes do economista Paulo Guedes, era no comediante Danilo Gentili que Jair Bolsonaro enxergava uma ponte para conquistar novos públicos e modular seu discurso.

Durante a eleição de 2018, o apoio do economista formado pela tradicional Universidade de Chicago foi um afago explícito nos mercados, um alívio para eleitores liberais, que ainda se preocupavam ao lembrar dos primeiros anos de Bolsonaro como deputado, quando defendia propostas que iam de maior intervenção do estado na economia até fuzilamentos – e vale destacar que, nos últimos anos, a primeira medida parece ter se tornado a menos palatável para lideranças políticas.

Paulo Guedes funcionava, assim, como um selo de garantia liberal para o futuro governo Bolsonaro. Apelidado de "Posto Ipiranga", traria novo rumo e gás para uma economia que patinava, com privatizações, cortes de gastos e redução de impostos.

Mas anos antes, a primeira ponte que Bolsonaro construiu para ampliar sua base de apoio em segmentos liberais (ou seja, que resistem à intervenção do Estado sobre interesses privados) não se baseou no terreno econômico. No princípio, era o verbo; a ação era combater o politicamente correto.

As linguistas Edwiges Morato e Anna Christina Bentes, da Unicamp[3], consideram que o politicamente correto (ou PC, para os íntimos opositores) surge de uma preocupação com os efeitos negativos de termos considerados ofensivos, normalmente atrelados a minorias. Para combater discriminações, o PC pode ser visto como uma lista de palavras que deveriam ser evitadas ou substituídas por eufemismos. Essas recomendações acabavam tendo uma força impositiva, pois quem não seguir sua cartilha pode ser alvo de críticas pela falta de sensibilidade.

Para seus opositores, o politicamente correto limita a expressão e pode ser um instrumento autoritário, imposto de cima para baixo. Nesse sentido, a professora de filosofia da USP, Silvana de Souza Ramos[4], considera que grupos antes majoritários passam a resistir a essas mudanças e ressentir às críticas que apontam suas falas como preconceituosas. Com isso, apresentam-se como vítimas dos que antes eram excluídos e agora disputam espaço no debate público – inclusive discordando sobre as palavras mais apropriadas para nomear os diferentes grupos.

Essa disputa sobre a vitimização é bastante evidente no caso do atual presidente dos Estados Unidos, e foi instrumental para sua eleição. Em 2016, Donald Trump ganhou a atenção do público ao defender a construção de um muro no sul do país, descrevendo mexicanos como criminosos, traficantes e estupradores, em flagrante desafio às normas de moderação da linguagem que visam não ofender minorias latinas, influentes no eleitorado desse país.

Além de conquistar espaço na cobertura jornalística em uma eleição tumultuada pelo elevado número de pré-candidatos, essas declarações incômodas mostraram que o empresário não tinha medo de falar o que pensava nem receio de chocar as suscetibilidades das minorias.

O discurso ofensivo de Trump soou como música para muitos norte-americanos que sentiam ter perdido espaço para minorias em ascensão, como os migrantes. Suas palavras duras davam voz ao que mui-

---

3 Disponível em: http://www.periodicos.usp.br/revusp/article/view/144198/138615.

4 Disponível em: https://www.revistas.usp.br/revusp/article/view/144202.

tos não conseguiam expressar sem sofrer críticas. O que antes era vaiado como preconceito parecia reconquistar aplausos no debate público.

Nesse sentido, um trio de pesquisadores[5] identificou que eleitores que sentiam sua voz ser silenciada ou ignorada tinham justamente uma chance maior de votar em Donald Trump. Os psicólogos Conway, Repke e Houck demonstraram que o posicionamento sobre normas para evitar ofensas (como o politicamente correto) era um fator central no alinhamento entre eleitores e candidatos naquele país.

Na pesquisa, eleitores alertados sobre limites do politicamente correto tinham uma propensão maior para apoiar Trump para presidente. A conclusão do estudo é que a vigilância do politicamente correto, mesmo que bem-intencionada, pode ter saído pela culatra, gerando lideranças com apoio popular por falarem o que não deveria ser dito. Pelo jeito, eleitores norte-americanos não estavam votando em Trump apesar das suas falas ofensivas, mas por causa delas.

Se muitas vezes Bolsonaro é criticado por seguir a cartilha que elegeu Donald Trump para presidente, nesse caso o Brasil se antecipou aos EUA. Bolsonaro já adotava essa mesma estratégia muito antes de seu parceiro norte-americano, colecionando declarações que ofenderam minorias como quilombolas, indígenas e mulheres. Pesquisa do cientista político João Feres Júnior, do Iesp-UERJ[6], aponta que o capitão reformado é reconhecido por comunidades em redes sociais como um dos tradicionais porta-vozes do discurso contrário ao politicamente correto no Brasil.

Depois de eleito, Bolsonaro aproveitou um discurso em Washington, durante visita aos EUA em março, para destacar valores que misturam elementos conservadores e liberais:

> *"Acreditamos na família, acreditamos em Deus, somos contra o politicamente correto, não queremos a ideologia de gênero e queremos, sim, um mundo de paz e liberdade!"*

5 Disponível em: https://jspp.psychopen.eu/article/view/732.

6 Disponível em: https://www.revistas.usp.br/revusp/article/view/144203/138618.

Pode parecer contraditório, mas Feres Júnior concluiu em seu estudo que discursos ofensivos ou politicamente incorretos foram defendidos pelo mesmo grupo político que abraça uma pauta moralizante, como a denúncia de temáticas sexuais na educação ou em obras de arte.

Em outras palavras, quem defendia a liberdade contra o politicamente correto mudava de posicionamento quando se tratava de valores tradicionais, como a sexualidade, e demandava censura. Na visão do cientista político da UERJ, essa seria uma estratégia política que permitiu ao discurso liberal, tradicionalmente impopular nas eleições, alinhar-se com demandas de grandes grupos tradicionais, como os religiosos.

Essa popularização do discurso liberal se deu ao mesmo tempo em que a resistência ao politicamente correto dava luz ao seu oposto. Os pesquisadores Josnei Di Carlo e João Kamradt, da UFSC[7], identificaram uma correlação, na última década, entre protestos antissistema, a insatisfação com a esquerda e a popularização de discursos provocadores, ofensivos ou que contestavam práticas e saberes instituídos, elementos que definem o chamado "politicamente incorreto".

Nessa categoria se incluem humoristas como Danilo Gentili e jornalistas como Leandro Narloch, autor de uma série de guias politicamente incorretos que propõem subverter o relato de eventos históricos. A dupla de pesquisadores da UFSC analisa especificamente o sucesso desse fenômeno editorial e como Bolsonaro acaba se tornando "seu tradutor ao grande público" ao negar violências da ditadura ou da escravidão. Usando uma linguagem popular, provocadora e com muito humor, esse novo movimento da direita tem combatido o saber produzido pelas ciências humanas e que fornecia bases para demandas de grupos discriminados.

A popularidade desses livros e dos humoristas ampliou a animosidade de novos segmentos contra o politicamente correto e o PT, identificado como seu defensor no país. Mas a imprensa tradicional talvez seja o epicentro desses abalos políticos que alinharam as placas

7 Disponível em: http://periodicos.ufjf.br/index.php/TeoriaeCultura/article/view/12431/0.

tectônicas do liberalismo e do conservadorismo em colisão com a esquerda petista.

No livro *Politicamente correto, uma categoria em disputa*[8], a jornalista Nara Lya Cabral Scabin analisa como esse conceito foi discutido em artigos publicados na Folha de S. Paulo. Nos anos 1990, o politicamente correto era apresentado como uma tendência de comportamento individual importada dos EUA, e aos poucos passou a ser filiado ideologicamente com a militância da esquerda. Nas últimas duas décadas, os artigos da Folha também denunciavam seu uso político como uma ameaça à liberdade de expressão.

Vale lembrar que o periódico tem apresentado uma postura bastante crítica em relação a medidas de Bolsonaro, e inclusive já foi ameaçada pelo atual presidente e seus apoiadores. Mas a pesquisa de Scabin indica que a crítica ao politicamente correto como ameaça da esquerda à liberdade já se encontrava nas páginas da grande imprensa a partir do que a autora qualifica na página 111 como a "visão liberal" do jornal, que resiste contra limites para a expressão na democracia.

Assim, os leitores de veículos tradicionais como a Folha encontraram ecos desses argumentos nas críticas de políticos até então marginais, como Bolsonaro. O discurso de um radical representante do folclórico baixo clero da Câmara dos deputados alinhava-se, de forma surpreendente, com a imprensa tradicional. Em resenha sobre o livro de Scabin[9], já sugeri que a militância pelo politicamente correto acabou aglutinando, em seu polo opositor, defensores da liberdade de expressão, como parte da grande mídia, e discursos antes incômodos e marginais, mas que agora se vendiam como "politicamente incorretos" para públicos mais amplos.

Em 2019, a Folha e Bolsonaro vivem uma batalha contínua, mas na década passada ambos se encontravam inesperadamente aninha-

8 Disponível em: SCABIN, Nara Lya Cabral. Politicamente correto, uma categoria em disputa. Curitiba: Appris, 2018.

9 Disponível em: https://revistas.pucsp.br/galaxia/article/view/38869.

dos no mesmo *front* contra o politicamente correto. Essa proximidade construiu uma das primeiras bases para expandir o apoio marginal de Bolsonaro para o centro do debate público, usando argumentos liberais como surpreendente cabeça de ponte.

O debate sobre o assunto foi um dos primeiros caminhos para a popularização bolsonarista entre liberais preocupados com intromissões públicas em práticas particulares – um caminho consolidado em 2018 com a adoção do receituário de austeridade do economista Paulo Guedes e ampliado, em 2019, com menor regulação e fiscalização ambiental adotada pelo ministro Ricardo Salles.

Ao alinhar liberais e provocadores na crítica ao controle da linguagem, o politicamente incorreto pode ter sido a semente de um inesperado fenômeno eleitoral que elegeu defensores do estado mínimo adotando uma linguagem provocadora contra minorias.

# JULHO DE 2019

*Passados seis meses de governo Bolsonaro, a semente do golpismo já se encontrava lá, devidamente registrada em nossas páginas. Mesmo contando com maioria legislativa e enorme espaço para construção de governabilidade, Bolsonaro havia optado por levar adiante seu discurso antissistema, apostando na balbúrdia institucional em detrimento da construção de uma base de governo minimamente coerente e funcional.*

# BOLSONARO, UM PRIMEIRO SEMESTRE DE TESTE AOS LIMITES INSTITUCIONAIS

## OS TESTES DE BOLSONARO ÀS INSTITUIÇÕES DEVEM SER LIDOS COMO TAIS – COMO TESTES. POR ISSO TODA ATENÇÃO NUNCA É DEMAIS

**Por: Murilo Cleto**

É possível que a pergunta de um milhão de dólares que norteou toda a transição de poder no ano passado ("As instituições brasileiras serão capazes de conter Bolsonaro?") esteja, ao menos momentânea e parcialmente, respondida. Pelo menos até aqui, e pelas mais diversas razões, sim.

Com direito a diversos atos pró-Lava Jato, o governo Bolsonaro chegou ao fim do seu primeiro semestre com uma série de derrotas importantes no Congresso e no Supremo Tribunal Federal, num misto de lambanças e extrapolações legislativas.

Já em março de 2019, a Câmara surpreendeu o Planalto com a aprovação do texto base de uma proposta de emenda constitucional que obriga o governo a executar todos os investimentos previstos no orçamento. A chamada "PEC do orçamento impositivo" realiza justamente o oposto do que Bolsonaro e Paulo Guedes defendiam com a PEC do pacto federativo. Para tentar disfarçar a derrota, o PSL mudou de posição no meio do caminho e celebrou o resultado.

A medida provisória 870/2019, que promovia uma significativa reforma administrativa, também sofreu resistência no Congresso. Mesmo depois de pedir pessoalmente o apoio de parlamentares, Moro perdeu o tão desejado Conselho de Controle das Atividades Financeiras (Coaf) e ganhou, a contragosto, a Fundação Nacional do Índio (Funai). O ministro da Justiça também teve que amargar chamadas públicas de atenção do presidente da Câmara, o deputado Rodrigo Maia, que não gostou nada da pressa para a aprovação do chamado "pacote anticrime" e chegou a dizer que o texto era uma cópia do projeto apresentado pelo ex-ministro da Justiça, hoje no STF, Alexandre de Moraes.

Outra MP derrubada, dessa vez no Supremo, foi a 886/2019, que transferia a demarcação de terras da Funai para o Ministério da Agricultura. O STF também barrou, por unanimidade, o decreto que extinguia os conselhos, fóruns e demais colegiados da administração pública federal. A despeito dos governistas, que protestaram fortemente contra a medida, o Supremo recentemente também criminalizou a homofobia. Havia uma expectativa muito grande quanto à atuação do órgão, principalmente depois que o presidente Dias Toffoli firmou um pacto entre os poderes da república.

A reforma da Previdência, que foi aprovada com dificuldades na Comissão de Constituição e Justiça, em tese a etapa mais simples da tramitação, teve o regime de capitalização, caro ao ministro da economia Paulo Guedes, eliminado do texto final apresentado pelo relator do projeto na Câmara. Não foram poucas as vezes em que Guedes ameaçou sair do governo caso sua proposta não fosse integralmente ratificada pelo Congresso.

Poucas derrotas foram tão sentidas, no entanto, quanto o parecer que, no Senado, pedia a suspensão de decretos presidenciais que flexibilizavam a posse e o porte de armas. Desde janeiro, o presidente Bolsonaro editou nada menos que sete decretos sobre o tema. Diante dos revezes, o governo finalmente enviou um projeto de lei que altera o Estatuto do Desarmamento para o Congresso Nacional. O que era o caminho mais óbvio, afinal todo mundo sabe que mudanças da magnitude que os bolsonaristas esperam nesse sentido precisam de amparo legislativo, foi a última das medidas. Há muitos motivos para acreditar que seja de propósito.

Bolsonaro já demonstrou que não tem grandes problemas em recuar. Mesmo quando sabe que extrapola atribuições, age por meio de decreto ou medida provisória esperando pela reação. Se passar, é bom para o governo. Se não, ele corre para o Twitter protestar contra o sistema. E aí... é bom para o governo também.

Sobre a decisão do Senado, Bolsonaro colocou em dúvida a legitimidade da votação e disse que para ele ninguém manda recado. "Votaram contra o decreto ou contra o presidente?", perguntou em tom retórico. Mesmo que o Planalto siga negando, os atos pró-governo – primeiro o de 26 de maio e, depois, o de ontem, dia 1º de julho – têm como objetivo reforçar o descrédito das instituições para que Bolsonaro, em condição de superioridade, continue empurrando-as para o corner.

É sintomático, aliás, que Moro, ainda sonhando com uma vaga no Supremo, esteja apoiando manifestações que, dentre outras coisas, pedem para que a corte seja fechada. Porque o governo Bolsonaro não existe senão em função dessa tensão. É só assim que ele se justifica. E porque depois dos vazamentos do The Intercept é Moro quem tem precisado cada vez mais dos bolsonaristas – e não o contrário – para sobreviver politicamente.

Ao confundir o presidencialismo de coalizão com a corrupção e incentivar os ataques ao Supremo, Bolsonaro faz de muitas dessas derrotas um trunfo. É o modo que encontrou para, mesmo no governo, continuar bancando a retórica antiestablishment da ala mobilizadora – como o filósofo Marcos Nobre definiu o núcleo olavista de dentro e fora do Planalto – e apostar na estruturação de uma base insolúvel de apoio que hoje ronda os 30%, pequena demais para obter maioria, mas grande o suficiente para permanecer no poder e até galgar reeleição. Reeleição esta que Bolsonaro diz topar se não houver uma boa reforma política – ainda que o governo nunca tenha proposta uma, nem durante a campanha.

Seis meses depois do início do mandato que interrompeu um grande ciclo eleitoralmente hegemonizado por centro-direita e centro-esquerda no país, a boa notícia é que, nem que seja por uma questão de sobrevivência, as instituições estão contendo Bolsonaro. Por tudo o que já disse e inclusive prometeu o atual presidente, poderia ser bem pior. A má é que, para ímpetos autoritários corroerem as democracias hoje, um semestre raramente é o suficiente – como demonstram muitas das experiências, inclusive a venezuelana.

Por isso os testes de Bolsonaro às instituições precisam ser lidos como tais. Como testes. E por isso toda atenção nunca é demais.

# SETEMBRO DE 2019

*Ancorado em sua guerra cultural de bases olavistas – isto é, inspirado no guru Olavo de Carvalho –, o bolsonarismo levava adiante, a partir de ministros como Damares Alves e Ernesto Araújo, um discurso bastante conhecido na extrema direita internacional: a revolta contra o chamado "globalismo". Mas como seria possível conciliar esse antiglobalismo com o projeto ultraliberal de Paulo Guedes?*

# HOSTILIDADE AO 'GLOBALISMO' CONTRADIZ PROJETO ECONÔMICO DO GOVERNO

## O GOVERNO BOLSONARO NÃO APRESENTA COERÊNCIA INTERNA ENTRE OS ELEMENTOS CONFLITANTES DE SUA DIPLOMACIA ANTIGLOBALISTA E DO PROJETO ULTRALIBERAL DE GUEDES

**Por: Rubens Ricupero**

Neste artigo, me esforçarei, sobretudo, em examinar as interrelações entre a política externa e o projeto econômico do governo Bolsonaro, dando ênfase às iniciativas em matéria de comércio internacional, investimentos e economia.

O pano de fundo é a contradição entre uma política externa hostil ao "globalismo", e um difuso projeto econômico ultraliberal voltado à plena integração da economia brasileira ao espaço globalizado de livre circulação de bens, serviços, fluxos financeiros e investimentos.

A condição prévia da qual depende o êxito dessa integração é evidentemente a continuação da globalização, isto é, que não haja retrocesso importante na tendência à unificação e liberalização dos mercados em escala planetária. Uma característica essencial da globalização consiste na imposição aos países de padrões globais que limitam o espaço das soberanias nacionais, justamente aquilo que o atual chanceler denuncia como "globalismo".

Uma política externa soberanista, de perspectiva estritamente nacional, de hostilidade ao "globalismo", convive mal ou não convive com o cosmopolitismo da abordagem econômica ultraliberal. Como diz a expressão francesa, são coisas que *hurlent de se trouver ensemble,* coisas que uivam por se encontrarem juntas, em tradução literal.

Modelo confessado do governo Bolsonaro, o governo Trump não padece da mesma inconsistência. Sua essência resume-se na frase *America first,* os Estados Unidos em primeiro lugar. Pondo de lado as pretensões idealistas de governos anteriores, configura o retorno sem rebuços aos tempos de predomínio absoluto dos interesses nacionais das potências dominantes no sistema mundial.

Trump não se preocupa o mínimo com a globalização, pois julga, com razão ou sem ela, que o fenômeno favoreceu a China e outros países em detrimento dos Estados Unidos. Nem liga, ao contrário de seu antigo conselheiro, o sinistro Steve Bannon, às supostas ameaças aos valores da civilização judaico-cristã. Importa-se exclusivamente com o interesse nacional dos Estados Unidos, o qual, para megalomaníaco como ele, confunde-se provavelmente com o próprio interesse pessoal.

A fim de promover esses interesses, conta com o gigantesco poderio econômico e militar americano. Confia apenas nos meios unilaterais do poder duro: tarifas impostas ilegalmente, sem consulta à Organização Mundial de Comércio (OMC), sanções econômicas sem autorização do Conselho de Segurança da ONU, ameaças de uso da força para aniquilar países, felizmente até agora mais retóricas que reais.

Realista no sentido mais imediato do termo, está pronto a desestabilizar a economia mundial, a fazer retroceder a globalização, a fim de trazer empregos de volta aos Estados que o elegeram ou de beneficiar seus interesses político-eleitorais. A política de Trump, além de apresentar perfeita lógica interna no seu nacionalismo, soberanismo, antiglobalismo, dispõe dos meios de que necessita. Se vai ou não produzir os efeitos esperados, é outra história.

Em contraste, o governo Bolsonaro não apresenta coerência interna entre os elementos conflitantes da diplomacia antiglobalista e do projeto ultraliberal, nem desfruta dos meios de poder para sustentar sua política. A inconsequência começa pela adesão externa a um governo que deixa claro perseguir apenas o próprio interesse, aconselhando os demais a agirem da mesma forma.

Em vez de seguir o conselho, o governo Bolsonaro prefere servir não aos interesses brasileiros, mas aos interesses de um país estrangeiro. Uma das incoerências do ultraliberalismo da política econômica do ministro Guedes está no apoio ao governo Trump, que representa a maior ameaça à continuidade da globalização, condição do sucesso da estratégia de abertura brasileira.

É o que se vê com clareza na atitude de adotar de forma acrítica a agenda internacional do governo Trump, cujos elementos não só não coincidem, na maioria dos casos também contrariam frontalmente os interesses brasileiros. O primeiro dos componentes dessa agenda, a contenção da China, pode até ser compreendida do ponto de vista de uma potência temerosa de perder sua hegemonia para o rival. Que vantagem, porém, poderia advir para o Brasil de hostilizar o país que nos últimos dez anos tem sustentado nosso balanço de pagamentos graças aos sucessivos saldos gerados na balança comercial pela exportação de commodities?

A mesma pergunta pode ser repetida em relação aos demais pontos da agenda de segurança dos EUA. Que interesse estratégico teríamos em antagonizar a Rússia, parceira nos BRICS, relevante mercado para nossos produtos, ao Irã, um dos maiores compradores do milho e das proteínas brasileiras? O que ganhamos em nos alinhar com Israel e EUA nas votações no Conselho de Direitos Humanos da ONU contra os palestinos ou na questão de Jerusalém, contrariando os árabes, grandes importadores de carne de frango e de proteínas do Brasil?

Em que a ameaça de abandonar o Acordo do Clima de Paris serve aos objetivos da política ambiental nacional, que tem tudo a ganhar com os mecanismos financeiros previstos para apoiar a preservação das florestas tropicais, as boas práticas em cultivos como o cacau, o café, o manejo florestal?

Nos momentos do chamado alinhamento automático com a política exterior norte-americana, nos governos dos marechais Dutra ou Castelo Branco, vivia-se o auge da Guerra Fria. Para os setores dirigentes brasileiros, a obsessão na luta contra o que se considerava a ameaça mortal da subversão do comunismo interno coincidia perfeitamente com o combate liderado por Washington no plano internacional contra Moscou, visto como origem da subversão interior.

Por mais equivocada que tenha sido essa percepção, ela dominava os espíritos daquele tempo. Hoje, não existe nem sombra de coincidência entre a agenda internacional dos EUA e os interesses brasileiros, internos ou externos. Não obstante, as expressões de adesão a interesses estritamente trumpianos chega a gerar escândalos chocantes, como a declaração de apoio à construção do muro na fronteira com o México, a expressão de vergonha em relação aos imigrantes brasileiros ilegais, à retirada do Pacto Global sobre Migrações, todos casos nos quais o interesse do Brasil, com milhões de cidadãos vivendo no exterior, aconselhava exatamente o contrário.

Em muitos desses episódios, tem havido mudanças moderadoras nas posições apressadamente anunciadas. Um dos sinais da improvisação, superficialidade e falta de rumo da política externa reside mesmo na frequência com que o governo ziguezagueia entre orientações diferentes. Os exemplos constituem legião: a base militar oferecida aos EUA, a saída do Acordo de Paris, a mudança da embaixada a Jerusalém, a redução na retórica contrária à China, o recuo nas posturas mais agressivas na Venezuela, a correção da hostilidade ao Mercosul.

Não se sabe até que ponto as mudanças são para valer ou estão sujeitas a retrocessos. De qualquer forma, nas modificações talvez mais duráveis, como a do relacionamento com a China, a volta atrás expressa menos uma evolução autêntica de convicções como a fraqueza de meios para sustentar uma diplomacia agressiva e extremista de alto custo em termos de perdas potenciais de mercados e investimentos.

Na medida em que se mobilizam os setores exportadores ameaçados pelas perdas nos mercados da China, do Irã, dos árabes, o governo é obrigado a recuar pois não tem como compensar tais perdas. Nem consegue convencer a opinião pública de que suas escolhas são ditadas por argumentos racionais e não, como de fato ocorre, pela ideologia irracional da "*lunatic fringe*", a franja lunática de ideólogos pós-fascistas misturados com iluminados, astrólogos, apocalípticos e malucos de todo o gênero.

A consequência disso tudo é que a política externa está criando para o projeto econômico um risco real de deterioração da balança comercial e do balanço de pagamentos, um dos raríssimos setores que ainda se salvavam numa economia em crise. A ameaça acontece no pior momento, quando a conjuntura internacional acumula sinais de desaceleração, até de possível recessão, o comércio mundial se contrai, os preços das commodities caem, a Argentina, nosso principal mercado de manufaturados, mergulha em profunda crise e o saldo comercial diminui em relação a 2018.

A agressão aos mercados externos, que vinha se produzindo de maneira regular e constante desde o início do governo, saltou para patamar alarmante nas últimas semanas com a previsível explosão da crise das queimadas na Amazônia. Tendo subestimado a intensidade da reação internacional, o governo esboçou mudanças pouco convincentes no discurso uma vez desencadeada a crise.

Adotou, como se faz habitualmente em instantes de emergência, ações espetaculares como o envio de forças militares não treinadas para combater incêndios, esperando que o fim da estação seca e a passagem do tempo amainem a situação. Contudo, o dano, provavelmente irreparável, já foi feito. A primeira vítima é o acordo dito de livre comércio que custou 20 anos de negociação entre o Mercosul e a União Europeia.

Ninguém vai assumir o ônus de anunciar a morte oficial do acordo. O mais plausível é que ele permaneça num estágio de profunda hibernação, congelado por período indefinido. Até que alguma incerta evolução positiva na postura do governo brasileiro crie condições para permitir sua eventual submissão ao Parlamento Europeu e aos parlamentos dos países membros da União Europeia para aprovação.

Adicionalmente à indignação coletiva causada pela destruição da Amazônia no continente onde a consciência ambiental se encontra mais avançada e organizada em partidos fortes, deve-se levar em conta o efeito perdurável do estúpido conflito criado com a França, atingida na própria figura do presidente Macron. As agressões ignóbeis ao presidente francês e à sua esposa, personalidade unanimemente admirada na Europa, continuaram até a semana passada em atos de membros do governo que só se podem qualificar de cafajestismo.

É pouco provável que o acordo com a EFTA (European Free Trade Association) escape ao mesmo destino, após as declarações da Primeira Ministra da Noruega e ao anúncio de que vários movimentos na Suíça darão início à coleta de assinaturas para a convocação de uma consulta popular contra a ratificação do convênio.

Iniciativas de boicote de produtos brasileiros vêm sendo tomadas por supermercados, grupos financeiros declaram ter renunciado à aquisição de títulos do país, fundos de pensão reexaminam seus investimentos no Brasil, inúmeras empresas importadoras do exterior comunicam à Associação Brasileira de Curtumes e Couros a suspensão de compras de couro nacional. Ainda que essas ações não se disseminem e redundem em boicote generalizado, a antidiplomacia do governo Bolsonaro está perto de realizar a proeza de converter o Brasil num pária da comunidade internacional, ao lado da Venezuela de Maduro e das Filipinas de Rodrigo Duterte, ultimamente ausente do noticiário internacional.

Os integrantes liberais da equipe governamental, que sonhavam com uma abertura comercial que expandisse os mercados brasileiros, terão agora de correr atrás do prejuízo, gastando recursos e energia somente para limitar danos. Seria uma ilusão pensar que as perdas no mercado europeu possam ser compensadas nos Estados Unidos graças à benevolência do governo Trump. Em primeiro lugar, porque os produtos do agronegócio exportados à UE – complexo soja, milho, carne de frango, carne bovina – constituem justamente os itens nos quais os norte-americanos são os principais concorrentes brasileiros no mercado internacional.

Em segundo lugar, porque os Democratas, que já dominam a Casa de Representantes, seguem a orientação de impor cláusulas de ordem ambiental e trabalhista cada vez mais estritas a todos acordos comerciais. Foi em decorrência dessa política que o governo Trump viu-se forçado, na recente renegociação do acordo de livre comércio com o México, a reforçar tais capítulos. Mesmo assim, a Câmara ameaça não aprovar o acordo, até hoje não submetido à aprovação legislativa.

O desastre da Amazônia e a guerra de insultos declarada à França não deixarão também de produzir impacto negativo em retardar ainda mais ou inviabilizar de vez o projeto que simboliza mais que qualquer outro o programa ultraliberal: a adesão à OCDE. Já manifestei em outros escritos a opinião de que o ingresso na OCDE vem sendo *oversold* à opinião pública, isto é, vendido com exagero, sem qualquer correspondência à realidade.

Certamente não creio que valha o preço descabido que nos cobraram (diversamente dos outros países na mesma situação) e que aceitamos sem avaliar suficientemente todas as consequências. Não pretendo me deter nesses aspectos, mas o fato é que a equipe econômica atribui a essa adesão uma importância em descompasso com as posições de política externa hostis à França, país-sede da Organização, com enorme influência em suas decisões. É difícil, depois de tudo o que aconteceu, imaginar que o Comitê de Meio Ambiente da OCDE aprove, por exemplo, as práticas ambientais brasileiras na Amazônia.

Aliás, uma das incontáveis contradições da política externa bolsonarista é denunciar a ONU por supostamente impor políticas de gênero, ao mesmo tempo que abraça *gustosamente,* como diriam nossos vizinhos, a mais invasiva das organizações, a OCDE. Basta mencionar que a entidade das economias avançadas notificou ao Brasil que teria de modificar ou revogar nada menos de 207 leis brasileiras, ajustando-as aos padrões da instituição caso deseje tornar-se membro pleno.

Vou terminar por aqui, pois, como disse a princípio, não é minha intenção traçar um panorama exaustivo das incoerências e contradições entre a política antiglobalista e o projeto econômico ultraliberal. Não preciso lembrar as inúmeras ocasiões nestes nove meses de governo em que os anunciados propósitos liberalizantes cederam a pressões em sentido contrário: as barreiras sobre o leite em pó importado, a interdição de importação de bananas do Equador para proteger produtores do Vale da Ribeira, região da família presidencial e, em dias recentes, a prorrogação por dez anos do acordo sobre o regime automotivo comum com a Argentina, um dos exemplos mais conspícuos de *managed trade*, de comércio administrado, para horror dos puristas do livre comércio.

O futuro, talvez não tão distante, dirá quanto tempo há de durar a experiência de política econômica liberal. Acumulam-se os sinais de impaciência com a demora dessa política em produzir resultados de crescimento econômico e geração de empregos. O presidente e seus seguidores se confessam agoniados com a falta de espaço para estimular o consumo. Não é brilhante a tradição histórica do liberalismo econômico no Brasil. Será diferente esta vez com um presidente sem convicções e obcecado com a ideia fixa da reeleição?

# OUTUBRO DE 2019

*Nem um ano havia se passado e o bolsonarismo exibia a sua natureza anti-institucional e anti-partidária no desmoronamento do partido ao qual havia se parasitado para vencer as eleições, o PSL. Antes um fenômeno eleitoral, o partido, dez meses depois, estava rachado, numa disputa performática pelo posto de bolsonarista-mais-fiel.*

# RACHA NO PSL ILUSTRA NATUREZA DISRUPTIVA DO BOLSONARISMO

## O BOLSONARISMO NÃO É UM CORPO POLÍTICO COESO E COERENTE, MAS UM FENÔMENO QUE ARTICULA MÚLTIPLAS REJEIÇÕES

**Por: Igor Rocha**

É notável a dificuldade de acompanhar o assunto que tem tomado centralidade no debate político brasileiro nas últimas semanas: a crise no PSL, partido do presidente Jair Bolsonaro. Seria tema de mais alguns artigos para comentar as várias declarações e fatos impactantes, envolvendo do presidente do partido ao da República, passando por vários parlamentares e mesmo ex-filiados à legenda.

Diante disso, cabem aqui algumas reflexões sobre a crise, em si, do partido do atual governo, e outros elementos tocantes a ela.

Em primeiro lugar, a crise poderia receber diversas adjetivações, exceto a de "surpreendente". Chama atenção o fato de haver, bem difundida entre diversas pessoas e setores, alguma surpresa nos embates que têm sido vistos e amplamente noticiados.

Talvez a surpresa seja decorrente de uma percepção particular sobre o bolsonarismo: a de considerá-lo como uma "seita". Dito de outra forma, há uma maneira de abordá-lo como um grupo que segue uma determinada doutrina univocamente.

Tendo a vê-lo, contudo, de maneira diferente: no caso, não como um corpo doutrinal político coeso e coerente, mas como um fenômeno que articula rejeições – às instituições democráticas liberais, como imprensa, universidades, especialistas, partidos tradicionais, etc. – e uma afirmação antissistêmica, que funciona como poderoso catalisador de frustrações, materiais e simbólicas, de uma sociedade periférica no capitalismo tardio – a brasileira.

Dito isso, parece que o que melhor articula bolsonaristas entre si seja uma prática política, calcada nas rejeições e afirmação mencionadas no parágrafo anterior, somada a um corpo mais ou menos coerente de ideologias pró establishment – ultraliberalismo econômico, maior ou menor conservadorismo social – e, claro, um senso de oportunidade diante das possibilidades abertas na cena política brasileira com a irrupção, em 2013, do acordo que era vigente na vacilante democracia liberal brasileira.

Assim, é possível esboçar duas razões complementares para se pensar a crise no PSL. Episódios como a suposta fusão com o DEM ou a procura de Bolsonaro por uma saída jurídica do PSL e manter algumas prerrogativas deixam claro que existe o interesse no fundo partidário. Este deve ser imenso, uma vez que o partido, "nanico" até as eleições de 2014, experimentou um crescimento vertiginoso no pleito de 2018 sob a onda conservadora do bolsonarismo.

Não menos importante, citando alguns parlamentares como exemplo, dentre eles o deputado federal Alexandre Frota (PSDB-SP), a deputada estadual Janaína Paschoal (PSL-SP), passando pela deputada federal Carla Zambelli (PSL-SP) – um dos cinco deputados suspensos pela sigla – ao deputado Delegado Waldir (PSL-GO) – líder do partido na Câmara, hoje no centro da disputa interna que racha a sigla –, deve-se perguntar como e até quando poderão seguir o fluxo da onda conservadora que levou o bolsonarismo ao Palácio do Planalto.

É possível que algumas figuras vislumbrem na atual crise um momento de se desvincular de um iminente desastre. Também é possível que outras prefiram permanecer e se aferrar mais ao bolsonarismo, apostando vislumbrar novos horizontes dessa mesma onda conservadora nas eleições de 2020. Certamente, também é provável haver incontáveis tons de cinza entre uma posição e outra que somente um exame mais minucioso dos embates que vem acontecendo poderia responder de maneira mais incisiva.

Uma breve conclusão que se pode tomar é que a onda conservadora do bolsonarismo é um campo de disputa de diversos agentes políticos, sendo o PSL parte dele. Uma parte talvez muito menor do que os números de deputados eleitos pelo partido em 2018 pareceu, um dia, mostrar.

Não obstante os múltiplos cenários possíveis, o fenômeno bolsonarista segue revelando a todos a sua natureza disruptiva e reativa, um misto de rejeição antissistêmica com oportunismo eleitoral. Restam mais três anos. Qual será o futuro?

## NOVEMBRO DE 2019

*Figura absolvida da maior parte das críticas ao governo até então, Paulo Guedes ainda contava com a credibilidade dos principais agentes do mercado, ainda que estivesse, desde o princípio, aliado ao projeto golpista e anti-institucional do governo Bolsonaro, inspirado na conhecida aliança liberal-autoritária do Chile de Augusto Pinochet.*

# PAULO GUEDES SERVE A PROJETO DE UM NOVO NORMAL ANTIDEMOCRÁTICO

## EIS AS ALTERNATIVAS INFERNAIS DE BOLSONARO E GUEDES: OU A SUBMISSÃO OU O GOLPE

**Por: Murilo Cleto**

Após relacionar os protestos no Chile com a articulação política do ex-presidente Lula, agora livre depois de nova decisão do STF sobre o cumprimento antecipado de pena, o ministro da Economia Paulo Guedes trouxe novamente à tona a possibilidade de uma reedição do AI-5 no Brasil:

> *"Quando o outro lado ganha, com dez meses você já chama todo mundo para quebrar a rua? Que responsabilidade é essa? Não se assustem então se alguém pedir o AI-5"*

Agora ficou difícil de contar só com os dedos da mão a quantidade de vezes que membros do alto escalão do governo ou de pessoas muito próximas a ele cogitam um autogolpe. Primeiro, ainda durante a campanha eleitoral, o general Hamilton Mourão disse a jornalistas da GloboNews que essa, de fato, poderia ser uma alternativa em caso de convulsão social.

Poucos dias antes do segundo turno, veio a público um vídeo de Eduardo Bolsonaro dizendo que, para fechar o STF, bastavam um soldado e um cabo – e que ninguém se importaria com isso. O mesmo filho do presidente acendeu novamente o alerta ao dizer que, se a esquerda brasileira radicalizar como a chilena, a resposta poderia ser um novo AI-5.

Em resposta, o general Augusto Heleno, que já havia ameaçado o STF para que Lula fosse mantido preso, disse que "tem que estudar como fazer". Isso sem mencionar, claro, os inúmeros tuítes de assessores e blogueiros governistas.

Fato é que, até aqui, parte muito significativa da imprensa brasileira vinha tratando o governo Bolsonaro e a gestão Paulo Guedes como se fossem distintos.

Embora seja verdadeiro que, até aqui, Paulo Guedes tenha se mantido alheio a toda essa discussão sobre golpes, existem pelo menos duas evidências bastante razoáveis para acreditar que o ministro da Economia tenha embarcado no governo não apesar do espírito antidemocrático do bolsonarismo, mas justamente por causa dele.

A primeira delas é que Guedes nunca escondeu de ninguém sua admiração pelo laboratório chileno de liberalismo, que, às custas de 40 mil presos, torturados, mortos e desaparecidos, enfiou goela abaixo da população uma agenda de desproteção social e concentração de renda.

Milton Friedman e Friedrich von Hayek, referências intelectuais dessa agenda, teceram elogios públicos à ditadura de Pinochet. Hayek chegou a dizer que preferia uma "ditadura liberal em vez de um governo democrático sem liberalismo"[10] e que não havia encontrado "uma única pessoa no Chile que não concordasse que a liberdade individual era muito maior sob Pinochet do que sob Allende".

Segundo – e não menos importante –, as convicções iliberais de Bolsonaro são ainda mais explícitas. Já se tornou repetitivo lembrar todas as declarações do atual presidente ao longo das três décadas de vida pública sobre as ditaduras militares latino-americanas.

Ao contrário do que foi previsto, Bolsonaro não se moderou durante a campanha e, pior, foi subindo o tom à medida que se aproximavam as eleições. Faltando poucos dias para o segundo turno, falou abertamente em fechar o maior jornal do país e em prender e executar adversários políticos.

---

10 Disponível em:https://puntodevistaeconomico.com/2016/12/21/extracts-from-an-interview-with-friedrich-von-hayek-el-mercurio-chile-1981/.

Uma vez no governo, o capitão reformado se cercou de paranoicos conspiracionistas que veem comunismo até em propaganda de batatinhas e que, nem tão aos poucos assim, foram estabelecendo como o novo normal da política brasileira discutir se amanhã pode haver um novo golpe.

Ainda ontem, Bolsonaro ameaçou manifestantes que ainda nem existem com o excludente de ilicitude da Garantia da Lei e da Ordem. A ideia parece ser a de ir empurrando a agenda até que ela seja completamente incorporada pelo cotidiano. Assim: o brasileiro acorda, toma um café e sabe que vai ler no jornal mais alguém do governo cogitando ditadura.

Guedes diz que não é para se assustar caso alguém peça por AI-5. Justo. Porque realmente ficou difícil se assustar com alguma coisa no Brasil depois que um parlamentar medíocre fez fama e até foi eleito presidente ameaçando prender, torturar e fuzilar opositores, justamente como fez o AI-5.

Até aqui, Paulo Guedes parecia se conformar com um importante paradigma do novo capitalismo chamado por Isabelle Stengers e Philippe Pignarre de "alternativas infernais"[11], o que, basicamente, consiste em tirar do universo de possibilidades dos indivíduos diferentes escolhas ao se jogar fumaça sobre a discussão da premissa de um determinado problema.

E, nesse sentido, a escolha já não existe porque a alternativa de uma determinada solução acaba sendo, necessariamente, a catástrofe. O filósofo Rodrigo Nunes usa a metáfora de um assalto para pensar o que seria, afinal, essa alternativa infernal: "ou a bolsa ou a vida".

No Brasil, ela tem atravessado governos de distintas orientações e aparecido em disputas como "ou Belo Monte ou o subdesenvolvimento"; "ou a precarização ou o desemprego"; "ou as queimadas na Amazônia ou o atraso".

Mas, para o bolsonarismo e Paulo Guedes, as alternativas infernais já não são mais o suficiente. Ou, pelo menos, as que já estavam

---

11 Disponível em: https://revistadr.com.br/posts/o-preco-do-progresso-conversa-com-isabelle-stengers/.

postas. Agora são as mesmas que as dos anos 1960: ou a submissão ou o golpe.

Não basta a vitória dessa disputa no campo da retórica porque, como demonstram os protestos no Chile, ela pode ter prazo de validade. Não é todo mundo que tem paciência.

E é justamente por isso que o governo está tão obcecado com o Chile – mesmo a realidade brasileira sendo distinta sob muitos aspectos. Então, por via das dúvidas, é melhor já ir se acostumando com a possibilidade de uma ditadura mesmo.

# JANEIRO DE 2020

*E se, no ímpeto de construírem uma peça publicitária pretensamente nacionalista e conservadora, o governo Bolsonaro parisse uma sátira que nem os seus mais combativos opositores seriam capazes de produzir? Em janeiro de 2020, o então secretário Roberto Alvim entrou para os anais da República ao reproduzir, linguística e esteticamente, o modelo nazista de propaganda em seu gabinete de Cultura.*

# 'TERRÍVEL SEMELHANÇA': HISTORIADORES ANALISAM VÍDEO NAZISTA DE ROBERTO ALVIM

## HOMEM DO TEATRO, ALVIM SABE COMPOR CENÁRIOS. O QUADRO DO COMANDANTE, A POSIÇÃO DO ENUNCIADOR, A CRUZ JESUÍTA: NADA ALI É POR ACASO

**Por: Igor Rocha e Jorge Paulino**

Roberto Alvim, dramaturgo de certo sucesso, apesar de jovem, deu várias guinadas na sua vida. A pior delas, com certeza, foi assumir a secretaria especial de Cultura do governo Bolsonaro.

De imediato, mandou seu recado atacando a atriz Fernanda Montenegro, fato criticado por muita gente expressiva do teatro e da cultura. Agora, em meio à repercussão da indicação do documentário *Democracia em Vertigem* ao Oscar, manda outra mensagem. Em pronunciamento para anunciar os novos incentivos e prêmios da sua secretaria, apresenta uma encenação ridícula fazendo óbvia referência ao ministro de Propaganda Nazista de Hitler, Goebbels. Quem primeiro apontou a terrível semelhança foi o site Jornalistas Livres:

> *"A arte brasileira da próxima década será heroica e será nacional, será dotada de grande capacidade de envolvimento emocional, e será igualmente imperativa, posto que profundamente vinculada às aspirações urgentes do nosso povo – ou então não será nada"*
>
> ***Roberto Alvim, secretário especial de Cultura do governo Bolsonaro***

> *"A arte alemã da próxima década será heroica, será ferreamente romântica, será objetiva e livre de sentimentalismo, será nacional com grande páthos e igualmente imperativa e vinculante, ou então não será nada"*
>
> ***Joseph Goebbels, ministro da Propaganda de Hitler***[12].

As similitudes aparecem não somente nos trechos dos discursos, mas na música de fundo – *Lohengrin*, ópera de Richard Wagner, compositor preferido de Hitler – e na própria montagem de cena. Homem do teatro, Alvim sabe compor cenários. O quadro do comandante, a posição do enunciador, a cruz jesuíta: nada ali é por acaso. A comparação de imagens joga por terra a justificativa – dada pelo secretário após a desastrosa repercussão – de que tudo não passaria de uma coincidência.

Há mais. Em *A arte dos regimes totalitários do século XX*[13], historiadora da arte, da imagem e da cultura Vanessa Beatriz Bortullucce oferece algumas chaves de entendimento para a forma e o conteúdo da mensagem:

> *"A estética nazista apoiou-se em um sistema forte e sólido de propaganda, que tinha de ser simples, dirigido às massas, e concentrado no menor número de elementos possível*[14]*"*

Em termos formais, o vídeo de Alvim é austero. Sem efeitos especiais ou de pós-produção, mantém o foco no enunciador. Com auxílio dos elementos cênicos – bandeira, foto de Bolsonaro e crucifixo jesuíta – remete a pontos centrais (poucos) que serão enfatizados na fala: patriotismo, o autossacrifício do líder, a fé. Textualmente:

---

12 LONGERICH, P. Joseph Goebbels: uma biografia. Objetiva, 2014.

13 BORTULLUCCE, V. B. A arte dos regimes totalitários do séc. XX. Annablume Editora, 2008.

14 Ibid.

> *"As virtudes da fé, da lealdade e do autosacrifício da luta contra o mal serão alçados ao território sagrado das obras de arte" (**Alvim**)*

> *"As ideias nacional-socialistas eram repetidas de vários modos e várias vezes, girando em torno de aspectos emocionais como amor e o ódio" (**Bortullucce, sobre o nazismo**)*[15]

O recurso às emoções é evidente em diversos trechos do pronunciamento. Textualmente:

> *"O presidente me pediu que eu faça uma cultura que não destrua, mas que salve a nossa juventude" (**Alvim**)*

> *"Por meio da continuidade e da uniformidade constante da sua aplicação, a propaganda, concluiu Hitler, conduziria a resultados além da compreensão humana" (**Bortullucce, sobre o nazismo**)*[16]

Exemplos desse efeito "misterioso" também estão presentes na fala do secretário:

> *"A cultura é a base da Pátria. Quando a cultura adoece, o povo adoece junto" (**Alvim**)*

> *"Goebbels dizia que se uma mentira fosse contada mil vezes ela se tornaria realidade" (**Bortullucce, sobre o nazismo**)*[17]

A reiteração, por sua vez, é mais bem percebida já dissecada estratégia bolsonarista de campanha permanente nas redes sociais. Pelos

15 Ibid.

16 Ibid.

17 Ibid.

dados levantados pelo pesquisador Rodrigo Ratier, que estuda redes bolsonaristas no WhatsApp, o vídeo de Alvim cruzou todas as fronteiras e, até o momento, não tem sido usado como peça no aplicativo de troca de mensagens. Os apoiadores do presidente têm preferido enfatizar a "reação rápida" de Bolsonaro e a insinuar que o ministro possa ter sido induzido ao erro por algum "auxiliar esquerdista".

Em sua fala, Alvim valoriza a "nobreza de nossos mitos fundantes" combinando três elementos terrenos – "a pátria, a família e a coragem do povo" – com um transcendental – "e sua profunda ligação com Deus" – para apresentar a ligação céu-Terra que passa a amparar "nossas ações na criação de politicas púbicas".

Visto como um todo, o vídeo representa um passo ousado da guerra cultural da extrema direita. Importante ressaltar que sua motivação foi o lançamento de editais na área cultural. Prêmios para música, histórias em quadrinhos, literatura e outras áreas. Sobressai a proposta da "reconstrução" da cultura brasileira. E uma "reconstrução" como projeto de estado.

Essa é, talvez, a semelhança mais perturbadora com a propaganda nazista: seu tom triunfalista. O fascismo do século 20 buscou abertamente uma espécie de renascimento perante a "arte degenerada" de seu tempo. Referenciou-se num passado idealizado, mas também projetou um futuro grandioso. Alvim ressalta elementos parecidos, mas adaptados à realidade nacional.

Podemos discutir a qual passado glorioso Alvim remete, que parece difuso. Mas a "arte degenerada" do presente talvez seja mais simples de identificar. Esta seria, conforme a narrativa predominante nessa extrema direita, toda a forma de expressão cultural que não reforce um ardil reacionário. Seria contrário a qualquer cultura popular relacionado a minorias, pensamento crítico ou arte politicamente engajada – exceto se o engajamento for conforme o que essa extrema direita brasileira prescreve. É contra aquilo que considera "ideológico" na cultura, entendendo "ideológico" como qualquer coisa que não siga à risca a agenda da extrema direita.

Certamente se dirige contra instituições que representam a excelência do pensamento crítico brasileiro, como é o caso recente da Casa Rui Barbosa e a interferência, nela, de Alvim. Procura, acima de tudo, reescrever a história brasileira, alinhando-se a negacionismos históricos com questões sensíveis nacionais, como a ditadura civil-militar e a escravidão. Apagar essas tensões está no cerne desse nacionalismo ultraconservador do bolsonarismo, depreendido desse discurso.

Quanto a um projeto de futuro, aponta-se talvez a maior particularidade da política cultural do bolsonarismo: o forte apelo pentecostal, nas figuras da "família" e outros apelos ao conservadorismo cristão. O projeto dessa "arte da próxima década" de Alvim é triunfalista como o de Goebbels, mas o tipo de narrativa nacionalista proposto por ambos é distinto nesse ponto. O "brasileiro" de Alvim é conservador, fundamentalista cristão – não necessariamente na fé, mas certamente quanto a um tipo de visão de mundo, além de ser um nacionalista que acolhe narrativas diversas, mesmo de minorias, desde que alinhadas, conformadas e hierarquizadas sob um todo esvaziado de tensões e conflitos.

Alvim mostra que o governo Bolsonaro está disposto a fazer na área cultural aquilo que fóruns mais obscuros da extrema direita atribuem à famosa e mal compreendida Lei Rouanet, criada ainda sob o governo Collor: usar a política cultural do estado brasileiro, aparelhada ideologicamente, para disseminar a própria ideologia do governo.

# MARÇO DE 2020

*Imerso na paranóia alimentada pela própria indústria de desinformação do seu governo, Bolsonaro dava início à oscilação mortal que seria observada na pandemia: instigar protestos e mentiras e, logo depois, recuar. Mas, a cada avanço seguido de um recuo, seu projeto autoritário andava algumas casas na captura da institucionalidade do país em prol de seus delírios.*

# BOLSONARO TORNA-SE REFÉM DE GRUPOS RADICAIS

## ALIMENTADO PELO DISCURSO PRÓ-MILITAR, NACIONALISTA E ANTICORRUPÇÃO DE BOLSONARO, O GRUPO DE INSURGENTES NÃO ESTÁ MAIS À MERCÊ DAS VONTADES DO SEU CRIADOR, E NEM DO CORONAVÍRUS

**Por: David Nemer**

A expectativa nas redes sociais bolsonaristas em relação às manifestações do dia 15 de março era de que seriam iguais às de 2013. Porém, como já previsto, elas foram consideradas um fracasso – tanto no número de participantes quanto no potencial agravamento da saúde pública.

Os participantes justificaram que a baixa adesão da base bolsonarista foi devido ao medo de contágio pelo novo coronavírus (COVID-19) e ao pedido de cancelamento do próprio Bolsonaro. Porém, já era de se esperar que tais manifestações não fossem trazer as massas às ruas, afinal, o presidente já não conta mais com antigos aliados que tinham um grande poder de mobilização, como MBL, Joice Hasselmann, e Alexandre Frota.

Sabendo dessa limitação, o próprio Bolsonaro compartilhou, via WhatsApp, dois vídeos de convocação para as manifestações, colocando assim o seu endosso com a finalidade de motivar a sua base.

O endosso do presidente e as insistentes declarações do general Heleno contra o Congresso deixaram os grupos bolsonaristas no WhatsApp fervorosos. Em grupos que eu acompanho desde março de 2018, membros compartilharam conteúdos digitais de todos os tipos – imagens, áudios e vídeos – e tons – insultando o presidente da Câmara Rodrigo Maia, enaltecendo o patriotismo dos bolsonaristas, e destacando a corrupção do Congresso.

As atitudes de Bolsonaro e Heleno foram duramente criticadas por membros de Congresso e STF, o que levou os dois a recuarem e a baixarem o tom em relação às manifestações. Tal recuo também foi sentido nos grupos de WhatsApp, onde os membros já não se mostravam tão entusiasmados com os protestos quanto no início do mês.

Porém, um grupo de pessoas se manteve ativo e confiante no sucesso das manifestações. Eles continuaram insistentemente a compartilhar conteúdos convocando outras pessoas a se juntarem a eles.

Em agosto de 2019, após analisar mais de 200 mil mensagens, eu identifiquei esse grupo de usuários como os Insurgentes. Eles têm fortes sentimentos nacionalistas e acreditam que Bolsonaro traiu a nação devido aos seus planos de privatizar e vender empresas estatais brasileiras, como a Petrobras.

Os Insurgentes afirmaram que o presidente não está cumprindo suas promessas de militarizar o governo e que teria cedido ao establishment e aos políticos corruptos – à velha política, portanto. Eles acreditam que a única maneira de salvar o país é organizar uma insurgência popular armada a fim de promover uma limpeza completa dos poderes Legislativo e Judiciário. Desta forma, compartilham todo e qualquer conteúdo que leve à descrença desses poderes.

Para eles, Bolsonaro estaria corrompido, STF é pró-Lula, e o Congresso é a causa do Brasil ser tão corrupto. Esse perfil e as demandas dos Insurgentes mostram que as atitudes de Jair Bolsonaro de trazer militares para o Planalto e de endossar as manifestações contra Congresso e STF são um claro aceno para reatar com eles.

Bolsonaro precisa do apoio dos Insurgentes, já que eles são motivados a irem às ruas e têm o potencial para fazer barulho – além do fato do presidente não ter mais a lealdade de figuras importantes que mobilizam as massas para ele.

O comportamento dos Insurgentes se alinha com aquele dos Patriotas, grupo identificado pela antropóloga Isabela Kalil[18]. Segundo

18 KALIL, I. O. et al. Quem são e no que acreditam os eleitores de Jair Bolsonaro. São Paulo: FESPSP, 2018.

Kalil, o Patriota se alimenta mais por um imaginário de intervenção militar do que pela lógica anticorrupção. Eles representam a ala mais radical e antidemocrática e mais propensa a acreditar em teorias antissistema e conspiratórias.

No dia 12 de março, o presidente Bolsonaro desconvocou seus apoiadores a comparecerem às manifestações que estavam agendadas para o dia 15 devido ao avanço da covid-19. Tal pronunciamento não agradou os Insurgentes, que demonstraram descontentamento nos grupos de WhatsApp, e junto com os seus seguidores decidiram ignorar o pedido de Bolsonaro e seguiram para as ruas. Tal descontentamento pode ser visto no Twitter com o compartilhamento de hashtags como #DesculpeJairMasEuVou.

> *"Entendemos o conselho do nosso presidente enquanto chefe do executivo, mas estamos cansados das chantagens desse congresso. Esse dia entrará para a historia do nosso Brasil. Desculpa, presidente, dessa vez fomos desobedientes. #BolsonaroDay #DesculpaJairMasEuVou",*

Com o receio de perder o apoio de grupos como os Insurgentes e os Patriotas, Bolsonaro voltou a compartilhar conteúdo pró-manifestações – somente ontem, ao longo dos protestos, foram 42 postagens no Twitter – e fez uma breve participação em Brasília. No WhatsApp, os Insurgentes compartilharam fotos e áudios como provas da coragem e patriotismo deles.

Apesar dos atos não terem tido a adesão e êxito desejados, ficou claro que Bolsonaro não tem tanto controle dos seus apoiadores como se pensava. Os Insurgentes, assim como os Patriotas, cresceram sendo alimentados pelo discurso pró-militar, nacionalista, e anticorrupção de Bolsonaro. Atualmente, eles já têm "vida própria" e não estão mais à mercê das vontades do seu criador, e nem do coronavírus – as manifestações de ontem são um claro exemplo disso.

O perigo, para o presidente, é que assim como Frankenstein, que desencadeia uma campanha de vingança contra o seu criador, os Insurgentes e seus seguidores podem promover uma grande debandada da base leal a Bolsonaro, caso o presidente não atenda às reivindicações deles, comprometendo assim seus planos para uma eventual reeleição.

# MARÇO DE 2020

*A covid-19 já dava suas caras quando, paralelamente, o país assistia a um teaser do caos social induzido pelo bolsonarismo ao longo da crise sanitária. Refém do medo permanente de desagradar sua base mais radical, Bolsonaro nos apresentava o seu paradoxo pandêmico: administrar o país e abandonar o discurso antissistema ou manter a sua performance e, como consequência, sacrificar a vida da população. A resposta todos sabemos.*

# AO DESAFIAR PANDEMIA, VOLUNTARISMO BOLSONARISTA ROMPE TODOS OS LIMITES

## QUAL SERÁ O PRÓXIMO DEGRAU DESSA ESCALADA VOLUNTARISTA ANTISSISTEMA? E A QUE CUSTO?

**Por: Murilo Cleto**

Com o incentivo do presidente Jair Bolsonaro, simpatizantes do governo saíram às ruas em todo país para intimidar as instituições no Brasil. Os atos, como já se disse tantas vezes desde aqueles realizados em maio passado, são o modo como o bolsonarismo tenta resolver a contradição de ser situação e oposição ao mesmo tempo. Parece difícil, mas a nova extrema-direita precisa desse esforço para se justificar no poder.

Nada de novo no front com os últimos protestos, certo? Errado. Nas redes bolsonaristas, desde a recomendação do próprio presidente para que os atos fossem adiados em virtude da explosão de novos casos do coronavírus em algumas regiões do país, passaram a proliferar manifestações de uma espécie inédita de desobediência civil.

O termo parece um pouco contraditório para descrever pessoas que, em tese, agem pela ordem e pela disciplina, mas faz sentido quando se olha para a postura dessa extrema-direita não apenas organizada, mas de certa forma esculpida pela lógica de funcionamento das redes sociais digitais.

Como têm notado no caso brasileiro os filósofos Moysés Pinto Neto e Rodrigo Nunes, por exemplo, esse é um traço fundamental da postura do troll. Não qualquer troll, evidentemente, mas o politicamente engajado. Anos antes da eleição de Bolsonaro, já se multiplicavam páginas no Facebook com o nome do político associado aos termos "zuero" e/ou "opressor".

O esforço ajuda a justificar o grande engajamento da juventude, especialmente a masculina, em torno dessa modalidade de direita no país. Depois de algo como duas décadas e meia de uma nova carta constitucional bem ou mal elaborada sob princípios democráticos, defender ditadura virou coisa de rebelde.

Mas tem mais. Num artigo de julho de 2019 na revista piauí[19], o urbanista Roberto Andrés discorreu sobre o "duplipensar" bolsonarista a partir da relação dessa direita com o trânsito:

> *"O bolsonarismo realiza assim a proeza de, sob o pretexto de atacar a suposta corrupção de uma suposta indústria da multa, liderar uma verdadeira cruzada a favor da contravenção no trânsito"*

De fato, uma proeza. E só possível graças à emersão política de um traço constitutivo da dinâmica social brasileira brilhantemente discutido pelo antropólogo Roberto DaMatta em "Fé em Deus e pé na tábua"[20].

Embora também existam expressões populares e subalternas do tal "jeitinho brasileiro", ele pode ser entendido sobretudo como um reforço da hierarquia social que não condiciona os seus às leis universais que, por essa lógica, só devem orientar os demais. Daí a noção de "cidadão de bem". Em geral, o que distingue os "cidadãos de bem" dos que, por exclusão, são "cidadãos de mal", é a carta branca que os primeiros têm para, se preciso for, burlar as convenções sociais mais estabelecidas diante de uma estrutura profundamente corrupta.

Foi assim que Bolsonaro ganhou terreno. Cada gesto de desafio à ordem constituída, a cada dia mais desmoralizada muito graças ao aprofundamento da crise política, é uma declaração de coragem. De voluntarismo, portanto. E agir errado em tempos de desgraçamento institucional virou sinônimo quase certo de avanço na hierarquia bolso-

---

19 Disponível em: https://piaui.folha.uol.com.br/materia/jeitinho-sobre-rodas/.

20 Rocco, 2010.

narista. Às vezes pode dar errado, como houve com Alvim, mas quase sempre funciona. O importante é operar sempre no limite.

Pode parecer um pouco bizarro – e talvez seja mesmo – que alguns simpatizantes do governo Bolsonaro se sintam – e se vistam – como templários medievais. Mas é assim que eles encaram a adesão a esse projeto. Como se estivessem indo conquistar Jerusalém.

E é por isso que o atentado sofrido por Bolsonaro em Juiz de Fora sempre reaparece, envolto em contornos messiânicos, nessas iniciativas de pressão sobre as demais instituições. Porque é o elo perfeito que os bolsonaristas precisam para ligar o sacrifício pessoal voluntarista à perversidade do sistema, o que justificaria o avanço dos "cidadãos de bem" sobre ele.

Até aqui, esse esforço anti-establishment se limitou a ofender jornalistas e exigir o fechamento do Congresso e do STF – o que por si só já não é pouca coisa. Mas, como já se disse nesta coluna Entendendo Bolsonaro, a contradição desse governismo antissistema vai custando mais caro para a sociedade brasileira à medida que passa o tempo de mandato e os indicadores não melhoram. E o voluntarismo bolsonarista rompeu todos os limites ao desafiar dessa vez não o Legislativo, não o Judiciário, não os ativistas ambientais, não os professores de História, mas uma pandemia.

As redes bolsonaristas se entupiram, nos últimos dias, de manifestações heroicas de sacrifício pessoal em nome do bem comum. Numa live de influencers amplamente recomendados pelo presidente, falou-se que o coronavírus não é nada perto do que o 15/03 poderia trazer para o Brasil. "É belo e heroico ver pessoas – sabendo dos riscos – protestando em coletivo contra a maioria de congressistas chantagistas que sujam o Congresso Nacional", disse outro deles pelo Twitter, com quase 15 mil endossos em 9 horas.

Criticados pela irresponsabilidade das declarações, muitos se defenderam dizendo que os riscos foram voluntariamente corridos por quem quis ir às ruas. Como se o vírus escolhesse depois para quem seria transmitido.

Em que pesem as recomendações das autoridades sanitárias, incluindo o Ministério da Saúde – que tem realizado um trabalho informativo impecável quanto ao novo surto viral –, Bolsonaro, que esteve em contato com pelo menos 12 infectados nos últimos dias e deveria estar em quarentena, divulgou com entusiasmo imagens dos atos – incluindo uma que pede ditadura – e foi, ele próprio, cumprimentar simpatizantes que se aglomeravam para tocá-lo em Brasília.

Bolsonaro também disse, a exemplo do que fez poucas horas antes de ser submetido a um exame, que "a proibição de jogos de futebol parece histeria". Nos circuitos virtuais mais radicais e em diversos caminhões de som nas ruas durante as manifestações, choveram teorias das mais estapafúrdias de conspiração sobre quais seriam as reais origens do surto.

É uma guerra de trincheiras – para permanecer na metáfora do voluntarismo. Nesse episódio dos atos pró-governo, que desde a terça-feira de carnaval tem dado o que falar, o Brasil chegou ao ponto em que o endosso do presidente a uma imagem que clama por ditadura foi o seu gesto menos grave.

Começou não sendo nada; depois virou só algo a favor do Brasil – seja lá o que isso signifique – ; e, no fim, acabou sendo não apenas contra as instituições de freio e contrapeso, mas contra uma pandemia.

Representantes dos outros Poderes demonstraram irritação, mas não mais que isso. Quantas casas avançou a agenda antidemocrática? Qual será o próximo degrau dessa escalada voluntarista antissistema? E a que custo? As respostas vêm a galope. Com um templário em cima, claro.

# MARÇO DE 2020

*Principal articulador da política externa bolsonarista, o deputado federal Eduardo Bolsonaro, no começo da pandemia, conduzia o bolsonarismo em direção ao seu gêmeo norte-americano, o trumpismo, simbolizado na hostilidade anti-China, com a "pequena diferença" de que, em nosso caso, longe de ser um adversário geopolítico, tratava-se de nosso maior parceiro comercial.*

# EDUARDO BOLSONARO X CHINA: NUMA CRISE, O CONSPIRACIONISMO PODE CUSTAR VIDAS

## É PRECISO ENTENDER E COMBATER OS CONSPIRACIONISMOS COMO UMA QUESTÃO DE INTERESSE PÚBLICO

**Por: Igor Rocha**

A Organização Mundial de Saúde (OMS) decretou que o mundo passa por uma pandemia do novo coronavírus, e seus terríveis efeitos têm sido vistos em tempo real, ocupando maior parte dos noticiários nas últimas semanas.

Apesar de as emissoras terem aumentado seu tempo de cobertura jornalística e alguns portais terem desativado seu paywall para matérias sobre a pandemia, atendendo assim ao interesse público de informar a respeito do coronavírus, uma onda de desinformação avança junto com o novo vírus.

O mais novo episódio envolve um atrito gerado pelo deputado federal Eduardo Bolsonaro no Twitter. De maneira gratuita, o "03" acusou, sem provas, a China de ter omitido informações sobre a pandemia, o que gerou reação imediata da Embaixada do país, além de lideranças, inclusive do vice-presidente Hamilton Mourão.

Além dos óbvios riscos à relação de longo prazo entre o Brasil e a China, nosso maior parceiro comercial, o caso preocupa o governo num momento em que o Ministério da Saúde reúne esforços para atrair ajuda chinesa com equipamentos e insumos médicos para a crise do coronavírus.

Agências de verificação de notícias falsas e teorias conspiratórias circulantes nas redes sociais, como a Lupa e a Boatos.org têm atualizado quase que diariamente sua lista de "fatos alternativos" compartilhados sobre a pandemia, crenças estas que, antes de Eduardo, já haviam encontrado ecos no bolsonarismo.

Como mostrou o colunista do UOL Tales Faria, o atual presidente Jair Bolsonaro, antes de conduzir uma reação institucional mais robusta após a primeira morte por covid-19 no Brasil, estava convencido de que a pandemia que assola o mundo seria parte de um plano do governo chinês.

Além disso, tais crenças circulam entre lideranças e influencers de extrema direita brasileiros, europeus e estadunidenses. Donald Trump, atual presidente dos Estados Unidos, se referiu ao coronavírus por "chinese virus" em tweet do último dia 17 de março.

As teorias de conspiração, como a de que o coronavírus é parte de um grande plano do governo da China contra as economias do Ocidente, são, historicamente, parte da formação de visões de mundo de grupos radicais e sectários de determinadas ideologias políticas.

Um estudo dos mais aprofundados sobre o assunto foi feito por Jovan Byford, professor no departamento de Psicologia da Open University (Reino Unido). Seu estudo sobre teorias de conspiração[21] servirá aqui de base para uma breve reflexão sobre como teorias conspiratórias como essa funcionam na retórica do bolsonarismo.

Embora Byford parta da discussão de que conspirações, em si, não sejam algo novo na história da humanidade, existem algumas características que tornam as chamadas teorias de conspiração modernas distintas, tanto na sua construção retórica como nos efeitos que causa nos grupos que as compartilham. São três características essenciais das teorias conspiratórias modernas que dão base para aquilo que o autor chama de pensamento conspiratório, termo que explicarei brevemente mais à frente.

A primeira característica é que as teorias conspiratórias se constroem como uma espécie de motor da história. Na visão conspiratória

21 BYFORD, J. Conspiracy theories: A critical introduction (2011).

do mundo, todos os eventos acontecem movidos por um grande plano, realizado por agente que, apesar de identificável, é vagamente delimitado. Esse agente, no geral, é representado nas teorias como dotado de uma capacidade incrível de conluio e uma quase onipresença em todos os campos, fazendo com que sua agência sobre a realidade seja quase absoluta.

Por exemplo, pensemos na teoria conspiratória mencionada: temos a teoria como um motor da história. A crise é provocada pela guerra biológica disfarçada de pandemia, e esta não aconteceu por motivos como, por exemplo, desequilíbrio ecológico. Ela tem agentes identificáveis, porém vagos, sem nome. São os "chineses", supostos criadores do vírus, e a mídia, que age organizada e univocamente para disseminar o pânico. O objetivo do plano, claro, a destruição da economia do Ocidente.

Importante reparar que nessa visão de mundo, novamente aludindo à obra de Byford, não há espaço para conflitos dentro do grupo de agentes "conspiradores". Tanto o governo chinês para espalhar o vírus esperando vantagens econômicas como a "mídia" a fim de espalhar a histeria são conjuntos de pessoas que trabalham basicamente sem divergências, em total harmonia com o plano conspiratório.

A segunda característica está na relação ambígua da teoria conspiratória com a prova. Quem se apega às formas conspiratórias de ver o mundo não o faz alheio à necessidade delas. Sabemos que atividades variadas que lidam com provas – historiadores, jornalistas, investigadores no geral – transformam as lacunas e silêncios de suas evidências em dúvidas. Além disso, avaliam sempre criticamente suas evidências, estando abertos a outras que podem, via de regra, até mesmo invalidá-las ou mudar avaliações dela. Porém, a visão conspiratória da realidade transforma o que há de obscuro nas provas em certezas quase que absolutas.

Voltando ao exemplo do suposto plano chinês de espalhar a pandemia. É comum, nas diversas mídias que circulam afirmando a existência da suposta guerra biológica de alusões a períodos de crescimento da China durante epidemias anteriores, fazendo-se relação causal com outro crescimento que o país pode experimentar dentre os efeitos da pandemia do coronavírus. Muitas vezes, essa afirmação circula editada em meio a informações reais.

São evidências e causalidades que, facilmente, podem ser apontadas como absurdas ou, no mínimo, problemáticas? Sim, mas quem tem visões conspiratórias da realidade já tem uma resposta quanto a isso: os "buracos" na ligação entre a "prova" apresentada e a teoria, que dariam sua sustentabilidade, somente não estão lá devido à perfeição dos agentes do plano conspiratório. "A mídia ocultou" ou "o governo chinês escondeu o restante" das provas e as infinitas variáveis disso caberão nesse tipo de leitura.

Daí, chegamos à terceira e, certamente, pior das características apontadas por Byford sobre o pensamento conspiratório: as teorias de conspiração são irrefutáveis. Apresentar evidências contrárias às teses conspiratórias de pessoas e grupos que acreditam nelas significa, em alguma medida, estar envolvido com o "grande plano". Disso decorre que a visão de mundo conspiratória é essencialmente maniqueísta.

De um lado, está a minoria que descobriu esse motor da história – o grupo que compartilha leituras conspiratórias da realidade – , uma multidão de pessoas manipuladas e, por fim, um inimigo, os poucos, múltiplos e vagamente identificáveis agentes da conspiração – que podem ser chineses, comunistas, "esquerdistas", judeus, maçons, etc. – que, a rigor, são inimigos.

Assim, também decorrem duas problemáticas sociais consideráveis da visão conspiratória de mundo. Uma, é sua atemporalidade. Dito de outro modo, teorias de conspiração diferentes podem ter seus personagens modificados e, assim, serem atualizadas.

Por exemplo, a teoria do coronavírus criada por um agente com ímpetos políticos não é exatamente uma novidade. Há diversas teorias que ligam a origem do HIV/AIDS à indústria farmacêutica, que a teria desenvolvido por propósitos comerciais ou eugenistas, ou que o ebola teria sido testes dos Estados Unidos de arma biológica na África.

Um dos paradigmas das teorias conspiratórias modernas, segundo Byford, surgiu da obra do contrarrevolucionário francês Augustin Barruel, que atribuía a Revolução Francesa a uma grade conspiração maçônica que buscava destruir a Igreja, monarquia e toda a ordem do Antigo Regime.

O autor, analisando historicamente as teorias conspiratórias surgidas entre o século XIX e XXI, observa que a junção dos elementos mostrados acima – a conspiração como motor da história; o agente oculto, vago, porém onipresente; a vagueza das provas como constituinte de certezas; a irrefutabilidade da teoria – são elementos que ligam a conspiração maçônica de Barruel a, por exemplo, os infames Protocolos dos Sábios de Sião, às sociedades defensoras da Terra plana[22] e aos defensores da tese do globalismo e do marxismo cultural, por exemplo.

A outra problemática é que as teorias conspiratórias e seus sistemas de crenças sobejamente fechados produzem "bolhas", conferindo coesão de identidade a grupos sectários diversos, que não estão dispostos a debater seus pressupostos. As manifestações pró-Bolsonaro no último dia 15, somadas às crenças do presidente e do seu filho, dão o tom do problema.

Nos mesmos meios que circulam a teoria conspiratória do suposto plano chinês de derrubada da economia ocidental usando o coronavírus, há textos sobre "remédios" sem a mínima comprovação científica ou minimizando-se os riscos da doença.

É preciso entender e combater os conspiracionismos como uma questão de interesse público. Encarar tais fenômenos como mero "exotismo", ou como algo inofensivo, é fechar os olhos para um problema que já nos alcança em dimensões muito maiores, sobretudo numa crise de grandes proporções, em que a recusa da ciência e da informação pode custar vidas.

---

22 Disponível em: https://publicmedievalist.com/flat-earth/.

# MARÇO DE 2020

*Um dia antes da publicação deste artigo, o país assistira a um dos marcos fundamentais da trajetória bolsonarista na pandemia: o discurso da "gripezinha", primeiro pronunciamento oficial do presidente diante da crise sanitária, momento no qual o Brasil iniciou sua dura jornada na contramão das recomendações científicas mais básicas, do uso de máscaras ao distanciamento social.*

# 'FANTASIAS AUTORITÁRIAS': FILÓSOFO DE YALE ANALISA DISCURSO DE BOLSONARO

## O BOLSONARISMO SE ASSEMELHA A UMA ESPÉCIE DE FASCISMO MODERNO

**Por: Jason Stanley**

No dia 11 de março, a Organização Mundial da Saúde (OMS) declarou o coronavírus uma pandemia. A definição de pandemia é "uma epidemia que se espalha pelo mundo", em outras palavras, uma crise de saúde global.

Crises de saúde globais exigem soluções coordenadas globalmente; elas exigem, em uma palavra, *globalismo*. Assim como na década de 1930, o mundo afasta-se em peso do globalismo. Uma crise global aparece exatamente no momento em que três das quatro maiores democracias do mundo estão sob o domínio de nacionalistas extremistas.

A partir do pronunciamento de Jair Bolsonaro em rádio e televisão no último dia 24 de março (terça), vemos as consequências infelizes e possivelmente trágicas deste momento.

A filósofa Hannah Arendt descreve o conceito de amigo-inimigo, a visão de que "o mundo está dividido em dois gigantescos campos, um hostil ao outro, sendo que um deles, 'o movimento', pode e deve combater o mundo inteiro", como um dos princípios básicos do totalitarismo.

É também um princípio básico do bolsonarismo. O próprio bolsonarismo é uma veneração à nação, à juventude, aos militares, à família tradicional e à fé religiosa tradicional, e que tem na figura de Jair Bolsonaro uma representação desses valores.

Os inimigos do bolsonarismo são os intelectuais, o conhecimento científico, a democracia e a imprensa. O bolsonarismo, portanto, se assemelha a uma espécie de "fascismo moderno". No seu pronunciamento, o presidente aproveitou um momento em que os olhos do Brasil se voltaram para ele como uma oportunidade de divulgar a sua versão propriamente brasileira desse credo.

No coração da ideologia fascista está o mito de uma grande nação, uma nação jovem e poderosa. A partir do discurso de Bolsonaro, aprendemos que a Itália, ao contrário do Brasil, tem um "grande número de idosos". A Itália é, na representação do presidente, uma nação fraca e idosa, em contraste com "este novo Brasil, que tem tudo, sim, tudo para ser uma grande nação".

Não é a sua estratégia de saúde, mas a sua grandeza enquanto nação, a sua vitalidade e juventude que supostamente tornam o Brasil impermeável a essa grande ameaça global.

Na ideologia fascista, o líder é o representante da força da nação. Por isso, Bolsonaro, devido ao seu "histórico de atleta", não precisaria se preocupar. E já que, segundo o bolsonarismo, Bolsonaro simplesmente *é* o Brasil, tampouco precisa o País.

O discurso de Bolsonaro se distingue pelo volume de suas mentiras. A natureza "antiglobalista" da ideologia fascista – seu ataque à razão universal – sustenta a sua relação de permanente ira contra a verdade, assunto do novo livro de Federico Finchelstein[23]. Na obra, ele escreve:

> *"Para o fascismo, o ato de mentir na política não é nada atípico... contar mentiras é uma marca do fascismo de uma maneira que não se aplica a outras tradições políticas. Mentir é fortuito para, digamos, o liberalismo de uma maneira que não é para o fascismo. E, de fato, quando se trata de enganações fascistas, elas compartilham pouco em comum com outros modelos políticos na história. Elas se situam para além das formas tradicionais de impostura política. O fascista considera que as suas mentiras estão a serviço de simples verdades absolutas, que são, na realidade, mentiras maiores"*

23 FINCHELSTEIN, F. A brief history of fascist lies. Univ of California Press, 2022.

A notável antipatia do fascismo pela verdade não representa uma característica adicional dessa ideologia. Ela é, antes, uma consequência da centralidade, para o fascismo, da distinção amigo-inimigo.

A verdade serve como uma espécie de juiz neutro nos debates. Se todos os partidos respeitam a verdade, a disputa acontece em condições de igualdade. Para a ideologia fascista, no entanto, a ciência e a verdade são, meramente, uma arma adicional a ser utilizada contra o inimigo.

No discurso de Bolsonaro, os inimigos são nacionais e locais. Ele iniciou o seu pronunciamento dando sequência à retórica do filho, Eduardo – representando o vírus não como uma batalha da humanidade contra uma doença, mas como um conflito entre nações, dentro do qual o Ministério da Defesa recebeu o chamado para resgatar os brasileiros na China.

Os "inimigos internos" de Bolsonaro, foco central do seu discurso, são a mídia, os especialistas, além de rivais políticos, como os governadores de São Paulo e Rio de Janeiro, que vêm tratando a ameaça com a seriedade necessária.

Arendt nos diz que a propaganda fascista prospera na "fuga da realidade" que ela oferece. Em seu discurso, Bolsonaro nos oferece esse escape. Ele nos diz, apesar da total ausência de evidência científica, que existe um medicamento fabricado no Brasil – a cloroquina – que seria promissor na luta contra o vírus.

Para promover uma falsa narrativa de esperança, de que este vírus terrível seria apenas "uma gripezinha", Bolsonaro se apropria de um inimigo, o doutor Drauzio Varella. Como observa Arendt, os movimentos totalitátios "usam a reputação de seus cientistas para propósitos inteiramente anticientíficos, forçando-os ao papel de charlatões".

No cerne da ciência estão a factualidade e a razão – no cerne do fascismo, estão a força de vontade e a fé. Num pronunciamento à nação em momento de aguda crise, deveríamos esperar orientações equilibradas do que fazer, palavras de uma liderança racional e ancorada nas evidências. Bolsonaro, no entanto, substitui a ciência pela fé.

Não são, para ele, cientistas e pesquisadores que curarão a doença – é, em última análise, Deus. O presidente nos diz que são a juventude, a vitalidade e a grandeza do Brasil que derrotarão o vírus – em suma, como minhx colegx Robin Dembroff me explicou, para Bolsonaro é a masculinidade do Brasil que, no fim das contas, virá nos salvar.

Em sua reação à crise ambiental, Bolsonaro já havia demonstrado o seu ódio pelo conhecimento, a sua tendência a "dobrar a aposta" mesmo que diante de uma enorme evidência científica apontando o contrário.

No caso da crise ambiental, o dano causado por Bolsonaro é sentido em todo o mundo. Diante dessa pandemia, entretanto, será tão somente o Brasil que pagará o preço pelas fantasias autoritárias do seu líder.

# MAIO DE 2020

*Na chamada reunião ministerial de abril, amplamente divulgada ao público após decisão do STF, o país navegou por dentro do governo Bolsonaro e sua completa incapacidade administrativa diante da crise sanitária. Durante as seguidas horas de reunião, o apelo às armas e à violência do cidadão contra o Estado ganharam um protagonismo insano em comparação com a ameaça concreta do vírus da covid-19.*

# PLANO DE BOLSONARO É TRANSFORMAR BRASIL EM FAROESTE CABOCLO

## NOSSA WINCHESTER-22 É A CONSTITUIÇÃO, A ARMA COM A QUAL SANTO CRISTO, ENTRE A VIDA A MORTE, SE VINGA DE JEREMIAS

**Por: Vinícius Vieira**

Defesa do armamentismo, violação da lei para favorecer família e amigos, cada um por si e Deus por todos. O vídeo protagonizado pelo presidente Jair Bolsonaro e seus ministros, gravado na reunião de 22 de abril, sugere que, no Brasil da pandemia de covid-19, vivemos um faroeste caboclo, sem governo ou marco legal de fato para sair da crise político-econômica-sanitária que vivemos.

De fato, no dia seguinte à primeira divulgação do registro pela mídia, comecei a me lembrar da letra da lendária Faroeste Caboclo, canção de Renato Russo imortalizada pelo Legião Urbana no disco "Que País é Este?', nome de outra música histórica da banda de Brasília, liderada pelo compositor, morto em 1996.

Tal como na saga de João de Santo Cristo, nossa tragédia tem capitão, playboy e general. A alta burguesia do País pode não ter acreditado — ou fingido não acreditar — que Bolsonaro era despreparado para o cargo de chefe de governo e Estado. Mas, depois da reunião exibida na TV, não há dúvidas: ela resume o atual (des)governo, sustentado, em parte, por aqueles três arquétipos.

O capitão dispensa apresentações. Já os playboys são os alienados que jamais devem ter tido contato com o povo nas ruas, a começar por Paulo "tem que vender essa p.... logo" Guedes, ministro da Economia. Ricardo "passar a boiada" Salles, titular do Meio Ambiente, também compõe o time, com titulação falsa de Yale e vontade de ludibriar a opinião pública para flexibilizar leis ambientais enquanto enterramos nossos mortos.

Digo "nossos mortos" porque o gabinete presidencial nada tem a ver com isso. Afinal, como o vídeo mostra em diversos momentos, Bolsonaro et caterva parecem governar país que não seja o Brasil, não somente por causa dos já conhecidos impropérios, mas também porque havia no fundo da sala de reuniões uma TV exibindo a infame peça publicitária do governo apenas com crianças brancas.

Ademais, para Bolsonaro, covas coletivas, como as abertas em Manaus, sob a liderança do prefeito Arthur Virgílio (PSDB), são apenas um meio de superdimensionar a crise e prejudicar um presidente supostamente sitiado por governadores que odeiam a democracia.

O triângulo amoroso de "Faroeste" também explica a relação do País com Bolsonaro. Em vez de Jeremias, o maconheiro sem vergonha, temos milicianos e seus aliados também desprovidos de pudor. Na história de Renato Russo, Jeremias "(...) dizia que era crente, mas não sabia rezar". Qualquer semelhança com a realidade não é mera coincidência.

Afinal, além de ter uma proximidade incômoda com milícias cariocas, o autointitulado católico Jair ainda não é crente (apenas "namora" evangélicos, para ficarmos no campo das metáforas conjugais do presidente), porém está longe de esboçar qualquer conexão transcendental. Afinal, se há algo comum às religiões, tal elemento resume-se em algo assaz escasso no Planalto: a empatia, sentimento em falta em tempos de pandemia.

No papel de João de Santo Cristo, estamos nós, o povo, carregando sua cruz, como macunaímas que oscilam entre a busca por retidão moral e a zona cinzenta do jeitinho que nos distinguiria entre as demais nações do mundo. Santo Cristo, tal como descrito na estrofe final da canção, só "(...) queria era falar pro presidente/pra ajudar toda essa gente que só faz/sofrer". De um presidente, esperamos que olhe para o povo — o óbvio, mas que parece ter sido esquecido há tempos.

Maria Lúcia, sem querer ecoar qualquer machismo, é nossa Marianne — símbolo feminino da República Francesa. Santo Cristo (o povo) apaixonou-se por ela e, assim, voltou a ser carpinteiro, símbolo do trabalho e da busca por um norte moral. Mas, como conta Renato Russo, "sob uma má influência dos/boyzinhos da cidade começou a roubar".

María Lúcia, a República, foi conquistada por Jeremias — melhor dizendo, Jair. No confronto final entre João e Jeremias, o último atira nas costas do primeiro. No contexto atual, tal ato de covardia é a tentação do autoritarismo matando o povo. Agonizando, Santo Cristo:

> *"Se lembrou de quando era uma criança/*
> *E de tudo o que viveu até ali/*
> *E decidiu entrar de vez naquela dança/*
> *Se a Via-Crucis virou circo, estou aqui*
> *E nisso o sol cegou seus olhos/*
> *E então Maria Lúcia ele reconheceu/*
> *Ela trazia a winchester 22/*
> *A arma que seu primo Pablo lhe deu"*

Nossa Winchester-22 é a Constituição, a arma com a qual Santo Cristo, entre a vida a morte, se vinga de Jeremias. Na ficção, o desfecho não poderia ser mais trágico.

> *"Maria Lúcia se arrependeu depois*
> *E morreu junto com João, seu protetor"*

Na vida real, porém, se ficar ao lado da Constituição, o povo e a República não morrem, mas se cura da Via Crucis composta por tentações autoritárias.

Por falar em autoritarismo, não falei dos generais até aqui, mas apenas do capitão e dos playboys. Onde boinas-verdes de pijama entram nesta narrativa? Bem, releiam e ouçam novamente Faroeste Caboclo. Eles estão atrás da mesa, escondendo-se à sombra de um capitão, fazendo algo que os bons modos me impedem de descrever — enfim, uma expressão chula para retratar medo.

Militares não curtem Legião. Playboys, sim (pelo menos até antes da onda sertaneja). Talvez Salles e outro playboy que não citei — Abraham "odeio o termo 'povos indígenas'" Weintraub, suposto ministro da Educação — queiram mudar de faixa no disco da Legião e cantar a estrofe final da música-título:

> *"Mas o Brasil vai ficar rico*
> *Vamos faturar um milhão*
> *Quando vendermos todas as almas*
> *Dos nossos índios num leilão"*

# MAIO DE 2020

*Dois anos antes de tentar emplacar um golpe de Estado sem tanques na rua, o bolsonarismo já cozinhava, junto à opinião pública, a tese juridicamente fraudulenta segundo a qual as Forças Armadas, na condição de Poder Moderador, teria legitimidade para sobrepor sua vontade à dos demais poderes.*

# BOLSONARISTAS PREPARAM VERNIZ CONSTITUCIONAL DO GOLPE

## DESDE ANTES DA CAMPANHA DE 2018, APOIADORES DO PRESIDENTE FALAM EM "INTERVENÇÃO MILITAR CONSTITUCIONAL"

**Por: Vinícius Vieira**

Quanto mais alguém nega algo é porque aí tem, diria a sabedoria popular nas mais diversas formas — a mais conhecida talvez seja a expressão "onde há fumaça, há fogo". Em psicanálise, fala-se de negação como expressão que esconde seu oposto. Portanto, devemos confiar nos generais Hamilton Mourão e Augusto Heleno quando rechaçam qualquer possibilidade de golpe no Brasil?

Tudo depende daquilo que entendemos por golpe. Bolsonaristas — incluindo aí o líder do maior movimento de extrema-direita da história do País — ventilam há tempos o possível uso do artigo 142 da Constituição. Leia-o você mesmo abaixo, ipsis litteris:

> *"Art. 142. As Forças Armadas, constituídas pela Marinha, pelo Exército e pela Aeronáutica, são instituições nacionais permanentes e regulares, organizadas com base na hierarquia e na disciplina, sob a autoridade suprema do Presidente da República, e destinam-se à defesa da Pátria, à garantia dos poderes constitucionais e, por iniciativa de qualquer destes, da lei e da ordem"*

Cabe perguntarmos aos generais Mourão e Heleno qual é seu entendimento do artigo 142. Eles prestariam um serviço à nação se fossem explícitos sobre o assunto. Da parte do presidente Jair Bolsonaro, a interpretação é óbvia: 142 é a senha que lhe permite evocar a fala dúbia de semanas atrás: "a Constituição sou eu". Seu filho zero três, o deputado federal Eduardo Bolsonaro (SP), já foi claro: a questão não é se haverá uma ruptura, mas quando ela vai ocorrer.

Vamos aos fatos: o trecho acima destacado da Constituição motivou uma live, divulgada pelo presidente em suas redes sociais, em que o autointitulado jornalista investigativo Oswaldo Eustáquio, em seu canal no YouTube, entrevistou o jurista Ives Gandra Martins.

Em suma, Ives Gandra argumenta que o trecho destacado permite que qualquer um dos poderes constitucionais — isto é, o Executivo, o Legislativo e o Judiciário — pode convocar as Forças Armadas para manter a lei e a ordem. O jurista — conhecido por suas ligações com o grupo ultraconservador católico Opus Dei — fala em "aplicação pontual" do artigo, com o uso hipotético de militares para que um poder se recuse a cumprir determinações entendidas como inconstitucionais de outro poder. O debate jurídico sobre a questão está bem coberto em matéria do Congresso em Foco.

Por essa linha de interpretação do artigo 142, Bolsonaro poderia descumprir, com o apoio de militares, decisões judiciais como aquela que determinou busca e apreensão de provas relacionadas a suspeitos de participar do chamado "gabinete do ódio" que difunde fake news.

O presidente ficou claramente possesso com as determinações do ministro Alexandre de Moraes, do Supremo Tribunal Federal (STF), que atingiram em cheio blogueiros bolsonaristas. O "acabou, p...." presidencial ganha verniz constitucional na interpretação de Ives Gandra.

Portanto, se empregarmos o raciocínio acima, podemos ver no futuro breve, em meio a milhares de cadáveres de vítimas da covid-19, o presidente Jair Bolsonaro convocando o alto comando militar do país para prender um ministro do STF que decidisse algo que, na visão do Planalto, invadisse a competência do chefe do Executivo. Tal prisão supostamente restauraria a garantia dos poderes constitucionais e, portanto, da lei e da ordem comprometidas pelo ativismo judiciário do tribunal.

Não precisa ser jurista para imaginar o que viria depois — uma "trozoba", para citar um dos vocábulos utilizados por Bolsonaro de maneira inusitada na reunião ministerial de 22 de abril. Como lidar com tal hipotética prisão?Poderiam os chefes do Judiciário e do Legislativo reagirem solicitando o mesmo contra o chefe do Executivo, embora este seja o comandante-em-chefe das Forças Armadas?

Talvez tenha sido por conta desse cenário que Bolsonaro falou em sua live semanal que talvez abra uma terceira vaga no STF durante seu mandato, além daquelas vacâncias previstas em virtude das aposentadorias compulsórias de Celso de Mello neste ano e de Marco Aurélio Mello em 2021.

A “trozoba” seria um golpe com verniz constitucional — como, aliás, os golpes costumam ser ainda que sejam feitos à base de canhões e espadas. Basta lembrar que, em 1964, o STF — hoje principal alvo das hostes bolsonaristas — deu legitimidade à deposição de João Goulart.

Ademais, cabe lembrar que os apoiadores do presidente falam desde antes da campanha presidencial de 2018 em “intervenção militar constitucional”, como ficou claro na greve dos caminhoneiros daquele ano.

Eu mesmo testemunhei diversos protestos na Paulista desde 2016 com faixas reivindicando tal possibilidade — em alguns deles, havia um boneco inflável de Mourão, apresentado — tudo indica — pela primeira vez em 2015, em Brasília, quando de sua exoneração do Comando Militar Sul após criticar a então presidente Dilma Rousseff.

Quando clubes de oficiais emitem notas de apoio ao alerta de Heleno para a emergência de consequências imprevisíveis para a estabilidade nacional após Celso de Mello encaminhar pedido de partidos de oposição para apreender o celular de Bolsonaro, todo alerta é pouco.

Já vimos esse filme antes: militares na política são sombra da “trozoba”, para usar a linguagem bolsonarista. E onde há fumaça, há fogo que, embora pequeno, pode virar um grande incêndio para converter em cinzas o nosso já combalido edifício constitucional.

# JUNHO DE 2020

*No dia 2 de junho de 2020, o Brasil chorava a dolorosa marca de 30 mil mortes, vítimas da sede de morticínio que, algumas décadas antes, o então deputado Jair Bolsonaro havia, didaticamente, manifestado..*

# 30 MIL MORTOS: UM 'GRANDE DIA' PARA BOLSONARO

## NAS PALAVRAS DO PRESIDENTE, "MORRER É O DESTINO DE TODO MUNDO"

**Por: Murilo Cleto**

Segundo dados do Ministério da Saúde, o Brasil atingiu a marca de 31.199 mortos pelo novo coronavírus. Deve ser um bom dia para quem votou em Jair Bolsonaro e ainda não se arrependeu. Porque, convenhamos, até aqui não foi nada fácil.

É um erro dizer que agora, no poder, Bolsonaro só está entregando aquilo que prometeu. A despeito dos sinais trocados e da cacofonia típica desses novos movimentos da extrema-direita no mundo, não se pode cair na esparrela de que o maior problema do presidente é a coerência – nem que ela signifique, nesse caso, estar sempre errado.

Seria impossível desvincular parte massiva do voto em Bolsonaro, por exemplo, do seu discurso anticorrupção. Com razão, muita gente apontou, à época, que o problema estava nas ferramentas que o então presidenciável propunha para combater o mau uso da máquina pública. Mas não restam dúvidas de que ele prometeu acabar com ela.

No Planalto, Bolsonaro se cercou de indiciados e até "réus" confessos – como é o caso de Onyx Lorenzoni – e teve que ir aumentando a dose de contorcionismo retórico para defendê-los à medida que avançava o mandato. Dizer que ele cumpre todas umas promessas – inclusive essa – também é um modo de desobrigá-lo a se explicar.

O presidente também tinha prometido, com todas as letras e insistentemente, acabar com o famoso "toma lá, dá cá" – prática típica do presidencialismo de coalizão brasileiro em que o governo, em troca de apoio no Congresso, distribui cargos para uma base aliada que aprova tudo que vem do Planalto e o blinda de eventuais processos políticos ou criminais.

O que se viu nas últimas semanas, no entanto, foi um movimento intenso de aproximação entre Bolsonaro e algumas das figurinhas mais carimbadas do bloco de partidos mais fisiológicos do Congresso. E as nomeações não param de aparecer no Diário Oficial da União. Como as cifras aumentam todo dia, nem vale a pena apresentar os últimos cálculos. Mas já não são apenas alguns bilhões do orçamento do executivo federal nas mãos de condenados no Mensalão e réus na Lava-Jato.

Quem votou em Bolsonaro para acabar com a corrupção e o Brasil não virar uma Venezuela recebeu, de cara, um Roberto Jefferson dia sim e outro também ameaçando golpe com fuzil na mão e tudo.

Em 2018, muita gente foi seduzida pelo discurso bolsonarista contrário ao aparelhamento do Estado feito pelo PT e à interferência política nos ministérios. Mas a "carta branca" prometida aos ministros virou rapidamente um "quem manda sou eu". Foi o que ouvimos na reunião ministerial do dia 22 de abril, por exemplo.

Bolsonaro reclamava da Polícia Federal (PF), na ocasião. Quero crer que, entre os cerca de 30% que ainda o apoiam, poucos sejam francamente favoráveis ao que se viu ali ou a partir dali. Longe de reelegê-lo, o conteúdo do vídeo é tão grave que a AGU teve que mentir para tentar aliviar a barra do presidente.

A sorte do Brasil foi ainda ter uma imprensa livre para que, no mesmo dia, a jornalista Andréia Sadi demonstrasse que o governo estava tentando provocar uma confusão proposital entre PF e Gabinete de Segurança Institucional (GSI) e esconder, assim, a preocupação do presidente com a superintendência do Rio de Janeiro.

Seja como for, Bolsonaro não prometeu em campanha que, se eleito fosse, nomearia amigos da família na PF para se blindar e antecipar operações para aliados.

É óbvio que Bolsonaro não é o primeiro político da história a se dizer contra o estatuto da reeleição. Veremos vários agora nas eleições municipais. Mas, caramba, menos de seis meses para se lançar como candidato é um pouco demais, não?

Quando assumiu, Bolsonaro também prometeu cortar 30% dos cargos de confiança. Até março de 2020, a redução não passou de 2,5%. Inclusive o número de assessores especiais da presidência quase dobrou em relação ao final do governo Temer. É lá que fica o denominado "Gabinete do Ódio" supostamente comandado pelo vereador do Rio de Janeiro Carlos.

Falando nisso, também acaba de ser desmontada outra farsa inacreditavelmente repetida entre os bolsonaristas. Um deles chegou a bater no peito, em depoimento à CPMI das fake news, para dizer que se orgulhava de não receber um centavo do governo. Leandro Prazeres acabou de revelar, no jornal O Globo, que estatais brasileiras pagaram por ao menos 28 mil anúncios em alguns desses canais de apoio ao presidente que disseminam teorias conspiratórias e ataques ao STF.

Também não é verdade que, com Bolsonaro, acabou o dinheiro para a grande mídia. Na verdade, a coisa é mais simples do que parece. O presidente só começou a irrigar o quintal de quem fala bem dele. Para despontar como a maior beneficiária desse processo, a Record topou até falar em "supernotificação" da Covid-19.

Bolsonaro, sejamos sinceros, não cumpriu nem a promessa de abrir a tal "Caixa-Preta" do BNDES. Aliás, abriu e não encontrou nada. R$ 48 milhões de dinheiro público no ralo. E, para quem prometeu austeridade, gastar a cifra mais alta dos últimos oito anos no cartão corporativo também não é exatamente um demonstrativo de correção.

Nas relações exteriores, Bolsonaro sempre disse que aboliria o "viés ideológico" para privilegiar os interesses nacionais. Mas, uma vez no governo, abriu crises gratuitas com importantes parceiros como a Liga Árabe, França e China, por exemplo; mandou às favas as relações para apostar em acordos bilaterais com países liderados por figuras ideologicamente próximas.

A postura subserviente do alegado patriota em relação a Trump beira o patético. A cada medida contrária aos interesses brasileiros, o presidente norte-americano compensa com declarações vagas de apoio que levam a base bolsonarista à loucura – ainda que, na prática, elas não costumem representar nada. Agora a alegria é com os 2 milhões de comprimidos de hidroxicloroquina – que, como se sugere até aqui, não serve para enfrentar o coronavírus.

Aliás, quem votou em Bolsonaro porque queria ir para a Disney e o dólar estava muito alto deu com a cara na porta dos Estados Unidos por uma questão sanitária. O Brasil agora é o Cascão do mundo. E o dólar já vinha bem acima dos 4 reais antes mesmo da declaração de pandemia pela OMS. Quando a crise já dava sinais de escalada, Paulo Guedes dizia que ainda assim o Brasil poderia crescer de 2,5% em 2020.

Paulo Guedes é um vendedor de sonhos. Mesmo com a reforma da previdência – que antes os bolsonaristas chamavam de desumana – , não entregou nada além do que o pior crescimento nos últimos três anos. Para quem tanto reclama sobre o Congresso não deixar o presidente governar, fica um pouco esquisito sequer enviar uma proposta de reforma administrativa e fiscal.

Mas o jogo virou. E os bolsonaristas finalmente têm um motivo para comemorar. Hoje, o Brasil ultrapassou a marca de 30 mil mortes pela Covid-19 – tirando, claro, a galopante subnotificação que o governo não se esforça em superar.

É a cifra que Bolsonaro havia prometido ainda em 1999, numa entrevista ao programa Câmera Aberta, da TV Bandeirantes. Lá, o então deputado disse, dentre outras coisas, que o voto não resolvia nada aqui no Brasil e que seria preciso fazer o trabalho que o regime militar não fez, "matando uns 30 mil".

Seria evidentemente muito injusto dizer que todas essas mortes só aconteceram graças ao presidente. Morreu gente em todo lugar do mundo. Até na Nova Zelândia, que é apontada como exemplo de gestão nessa crise.

Mas não restam dúvidas de que, sob o comando de Bolsonaro, o Brasil fez absolutamente tudo errado no que diz respeito ao enfrentamento da pandemia. Quando o País chegou a 5 mil mortes,

12 dias depois de reivindicar a responsabilidade caso a situação se agravasse, o presidente disse que não iam colocar essa conta no seu colo. Impossível.

O Brasil foi o único país do mundo a demitir dois ministros da Saúde no meio dela. Essas demissões seriam justificáveis, claro, se motivadas pela incompetência na contenção da curva de contágios ou qualquer coisa nesse sentido. Mas, apesar de todos os erros, Mandetta e Teich foram demitidos justamente pelos seus acertos. O primeiro por recomendar o isolamento social e o segundo, por não bancar a cloroquina.

A obsessão de Bolsonaro pela cloroquina, aliás, é parte bastante substantiva do problema. Mesmo sem qualquer comprovação científica – fora um estudo francês já suficientemente contestado e outro chinês in vitro – , o presidente do Brasil começou a fazer propaganda da droga e obrigou o Exército a produzi-la em massa.

Como parlamentar, Bolsonaro já havia brincado de médico ao assinar e aprovar uma lei autorizando a distribuição da fosfoetanolamina – composto químico que ficou conhecido como "pílula do câncer". Uma irresponsabilidade, sem dúvidas, mas o caso da cloroquina é ainda pior, considerando que o medicamento pode trazer efeitos colaterais severos e, além de não ajudar no tratamento da Covid-19, também aumenta significativamente o risco de morte por arritmia cardíaca.

Bolsonaro encheu o Ministério da Saúde de militares e fez de tudo para sabotar os técnicos, colaborando efusivamente para transformar o Brasil no epicentro da pandemia no mundo.

Isso sem contar a vasta rede de desinformação que tem colaborado para aumentar a pilha de corpos no País. Hoje os bolsonaristas são os principais disseminadores de notícias falsas sobre o novo coronavírus. Segundo um levantamento da plataforma Aos Fatos[24], 19 dos 22 deputados que divulgaram fake news em torno do tema são governistas.

---

24 Disponível em: https://www1.folha.uol.com.br/poder/2020/05/deputados-divulgam-fake-news--sobre-coronavirus-para-ecoar-discurso-de-bolsonaro.shtml.

São boatos escandalosamente mentirosos sobre uma suposta dominação mundial comunista; curas miraculosas; caixões sem mortos; laudos médicos falsos, etc. No interior da Bahia, uma família duvidou do diagnóstico do ente falecido e, indo contra todas as recomendações sanitárias, resolveu abrir o caixão no velório para conferir o que tinha lá dentro. Resultado: mais cinco membros dela foram infectados.

Enquanto retarda todo tipo de socorro a pessoas, entes federativos e empresas, o presidente segue dando exemplo do que não fazer no meio da pandemia: vai para a rua, promove aglomerações, limpa o nariz em idosa e domingo sim e outro também excita um grupo cada vez menor e fanático que pede golpe.

Essa, aliás, deve ser a outra promessa que ele também fez na entrevista de 1999 que pode cumprir, além da guerra civil que encoraja a partir dos fanáticos que estão acampados em Brasília. Um dia desses o presidente até compartilhou live de um pretenso jornalista com o jurista Ives Gandra em que discutiam a viabilidade de usar o artigo 142 da Constituição para uma intervenção das Forças Armadas em favor do Poder Executivo.

Coincidentemente ou não, é justo quando o Brasil ultrapassa a marca dos 30 mil mortos que chegamos mais próximos do que nunca, na Nova República, de uma ruptura institucional e de uma guerra civil. A ideia, o presidente confessa, é armar todo mundo.

Bolsonaro é fissurado pela morte. E isso pelo menos desde quando defende, de peito aberto, a legalização de grupos de extermínio no Rio de Janeiro. Como deputado, homenageou e empregou milicianos. Esse é o seu habitat natural.

Como presidente, incentivou como nunca se viu a destruição ambiental; extinguiu radares pelo tempo que conseguiu nas rodovias federais; e, junto aos líderes da Nicarágua, Turcomenistão e Belarus, tem feito tudo que pode em favor da disseminação do vírus. Ele chegou a dizer que esperava que 70% da população brasileira fosse infectada.

Bolsonaro poderia ter feito da crise sanitária uma oportunidade para mostrar que estavam todos errados e mediar a formação de um consenso mínimo para salvar o maior número possível de vidas.

Apesar de todos os erros, até o dado como politicamente morto Sebastian Piñera, no Chile, conseguiu o feito improvável. A cartilha é básica: demonstrar sensibilidade com as vidas perdidas e equilíbrio para sopesar as perspectivas de especialistas em saúde pública e economia diante da realidade do País.

Em vez disso, Bolsonaro preferiu seguir incendiando uma base de apoio cada vez mais fanática e paranoica para bancar a pose insustentável de antissistema. Nem que o custo disso seja carnificina – ele simplesmente não se importa.

30 mil mortes oficialmente admitidas. E contando. Ainda não sabemos se estamos no pico. Seja como for, é muito. São mais de 30 mil famílias destroçadas. E nenhuma nota de pesar. Só um "e daí?". Afinal, como disse o presidente, morrer "é o destino de todo mundo".

Fora isso, temo que não haja mais nada para um bolsonarista convicto comemorar. "Grande dia" para o presidente e seus apoiadores. Péssimo para o Brasil.

# JUNHO DE 2020

*Ao nos depararmos com a reunião ministerial de abril, um aspecto chamara atenção de muitas pessoas: a quantidade de palavrões e palavras chulas proferidas por Bolsonaro naquela ocasião. Segundo estudos da comunicação, em vez de propriamente uma característica "natural" da personalidade do presidente, esse elemento era central na construção de sua personalidade digital - pretensamente autêntica e gente-como-a-gente.*

# 'BOCA SUJA' DE BOLSONARO TEM PAPEL EXPRESSIVO NA CONSTRUÇÃO DE SUA IMAGEM

## A DIVULGAÇÃO DA REUNIÃO MINISTERIAL PARECE TER PROVOCADO UM EFEITO DE 'CARNAVALIZAÇÃO' SOBRE AS REDES BOLSONARISTAS

**Por: Alvaro Magalhães Pereira da Silva e Ana Rosa Ferreira Dias**

O que os palavrões na fala do presidente Jair Bolsonaro representam? Que uso efetivo Bolsonaro faz dessas palavras? Ou mais especificamente: que papel cumprem elas no discurso presidencial e que impacto têm na construção da imagem pública do presidente?

Muito se falou sobre a "boca suja" de Bolsonaro desde a divulgação, há um mês, do vídeo da reunião de 22 de abril. Fora os comentários gerais e memes que circularam nas redes, órgãos de imprensa das mais diversas linhas tentaram organizar um placar dos palavrões proferidos pelo presidente e por seus auxiliares.

Mas, para melhor analisar a linguagem de Bolsonaro, parece interessante dar um passo atrás: verificar antes como se definem os palavrões e que funções eles costumam exercer para, em seguida, tentar compreender especificamente que uso o presidente faz deles, em contraste com outros usos possíveis.

### O QUE SÃO PALAVRÕES E COMO COSTUMAM SER USADOS?

Foi Dino Preti um dos pioneiros dos estudos acadêmicos brasileiros a respeito de termos tabus, típicos da oralidade. Há 40 anos (em abril de 1980), não em um "paper", como seria de se esperar, mas em um texto do Suplemento Cultural do jornal O Estado de S. Paulo, Preti lançou um artigo seminal a propósito do palavrão.

Professor-titular do Departamento de Letras Clássicas e Vernáculas da USP e, posteriormente, do Programa de Estudos Pós-Graduados em Língua Portuguesa da PUC-SP, ele já há muito havia rompido, com elegância excepcional, certa resistência de eruditos em relação a expressões mais populares, mostrando que termos um tanto mal vistos, como as gírias, cumprem determinadas funções na fala e merecem análise.

Em artigo do Estadão em que trata especificamente dos palavrões, Preti vale-se do então recém-lançado "Dicionário do palavrão e termos afins", do folclorista Mario Souto Maior, para apontar a dificuldade de se definir o que é e o que não é palavrão e, em seguida, apresentar o conceito que considera mais adequado.

Após examinar algumas teses de Pierre Guiraud (professor da Universidade de Nice morto em 1983 e notável estudioso da linguagem popular), compará-las com o uso corrente de palavrões e notar que o próprio Souto Maior, autor do dicionário de palavrões, teve dificuldade em defini-los (tendo de acrescentar a expressão "termos afins" no título de sua obra), Preti concluiu que palavrões são termos essencialmente injuriosos – ou seja, que podem ser usados para ofender.

Mas, mais que simplesmente designarem algo de forma ofensiva, os palavrões expressam essa ofensividade: são como uma demonstração de sentimentos violentos contra pessoas ou acontecimentos que provocariam raiva ou indignação no falante. Não à toa, um dos lugares privilegiados de seu uso (e de maior aceitação) é o estádio de futebol, onde as emoções estão à flor da pele.

Além disso, Preti observa que o significado original dos palavrões está geralmente ligado à sexualidade ou à escatologia. Ademais, eles variam pouco. Palavras-tabu por excelência, os palavrões de uma época são mais ou menos os mesmos palavrões de outras épocas.

A despeito dessas duas características relativamente estáveis – a função expressivamente injuriosa e a quase imutabilidade ao longo do tempo –, Preti reconhecia que o clima da sociedade brasileira da virada dos anos 1970 para os anos 1980 vinha provocando uma transformação profunda: o uso do palavrão, sobretudo entre os jovens, se tornava mais recorrente. E, o que era mais excepcional, essas palavras passavam a exercer nas falas da juventude funções novas, por vezes inversas às da injúria, tornando-se termos carinhosos.

Com a ditadura militar em seus últimos momentos e o fim da censura, essas transformações começavam a se refletir também na cultura pop, penetrando nas letras das novas bandas, nos scripts de TV e nas legendas dos filmes no cinema. Os anos 1970 e 1980, então, parecem ter sido os anos do "desbunde do palavrão".

## QUE USO BOLSONARO FAZ DO PALAVRÃO?

Mas com que feição, depois desse "desbunde", o palavrão chegou à reunião ministerial de Bolsonaro? Em primeiro lugar, cabe salientar que as matérias jornalísticas que se seguiram à divulgação da reunião de Bolsonaro indicam que, mesmo após as transformações das últimas décadas, continua difícil definir o que é e o que não é um palavrão.

Jornal de grande circulação voltado às classes mais altas da população, a Folha encontrou 33 palavrões na boca do presidente. Já o Extra, um dos principais jornais populares do Brasil, voltado sobretudo ao Estado do Rio de Janeiro, contou 34 palavrões ditos por Bolsonaro.

Mais comedido, o Catraca Livre, site criado pelo jornalista Gilberto Dimenstein voltado ao público jovem, achou 29 palavrões na boca presidencial.

"Estrume" é palavrão, como considerou o Extra? "Filho de uma égua" é palavrão, como considerou a Folha? Não é uma questão tão simples. Mas, independentemente desses termos que se colocam no limite do que se pode considerar um palavrão, vários outros menos polêmicos (como "porra", "bosta" e "puta") foram usados pelo presidente por mais de uma vez. E, olhando-se com cuidado esses usos, pode-se chegar a três conclusões:

## 1. UM USO DO PALAVRÃO QUE PRESERVA A IMAGEM CONSERVADORA

Bolsonaro utilizou na reunião os palavrões como injúria. Ou seja, o uso que o presidente faz desses termos é conservador, anterior às transformações dos anos 1970 e 1980 e à abertura tanto política como comportamental do Brasil.

Se a "boca suja" do presidente pode então chocar certos conservadores, o uso que Bolsonaro fez deles ao menos minimiza esse efeito, considerando que, mesmo nos setores tradicionais da sociedade, esse tipo de uso é aceitável em determinados ambientes.

## 2. UM USO DO PALAVRÃO QUE CRIA A IMAGEM DE INDIGNAÇÃO E COMBATIVIDADE

Os palavrões do presidente contribuem também para dar o tom de "bronca" que a reunião de 22 de abril ganhou.

Uma das interpretações mais recorrentes do encontro é que Bolsonaro, dizendo-se um integrante da linha de frente no combate aos adversários políticos do governo, cobrava dos ministros a mesma atitude. Ou seja, exigia que fossem enfáticos na defesa do governo.

O palavrão parece ter sido então também usado como uma forma de o presidente demonstrar um sentimento de indignação com as posturas de seus auxiliares que considerava frouxas.

## 3. UM USO DO PALAVRÃO QUE FORTALECE O GRUPO ALIADO

Após essas duas primeiras conclusões, é possível notar um terceiro aspecto do uso do palavrão por parte de Bolsonaro bastante intrigante: embora os palavrões usados como injúria pelo presidente contribuam para o tom de bronca da reunião de 22 de abril, o alvo da injúria do presidente não é, como seria de se esperar, o alvo da bronca.

O que ocorre é que Bolsonaro, por um lado, utiliza determinados palavrões, principalmente os de origem escatológica, para qualificar seus adversários políticos ("esse bosta desse governador de São Paulo, esse estrume do Rio de Janeiro" etc), rebaixando-os dessa maneira.

Por outro lado, o presidente também utiliza outros palavrões, sobretudo os de origem sexual, para se referir a ataques realizados pelos seus adversários a seus aliados ("foder a minha família toda" etc), dando a entender que seus adversários, já rebaixados pelos outros palavrões, têm sido bastante agressivos.

Esses dois movimentos – o de rebaixar os adversários e o de sugerir que esses mesmos adversários fazem ataques pesados –, realizados de forma simultânea, parecem servir para manter o grupo bolsonarista mais unido e aguerrido.

Não à toa, a linguagem do presidente aparentemente provocou um efeito catártico: a despeito da aparente bronca que levavam, ministros se mostraram confortáveis para também xingar oponentes.

## E A IMAGEM DE BOLSONARO COMO FICA?

Considerando todos esses aspectos, o impacto dos palavrões da reunião de 22 de abril na imagem de Bolsonaro parece ambíguo. E suas ambiguidades têm sido exploradas tanto por grupos favoráveis como por grupos contrários ao presidente.

Enquanto os partidários de Bolsonaro procuram ressaltar que a "boca suja" do presidente na reunião deve-se sobretudo ao fato de ele ser um líder obstinado e sincero, que fala o que pensa, sem papas na língua, grupos contrários a Bolsonaro ressaltam que o fato de o presidente injuriar com palavrões seus adversários e, também com palavrões, atribuir a eles ações agressivas sugere que o presidente é um homem paranoico, com síndrome de perseguição e, por isso, desequilibrado. São versões em disputa no espaço público.

De toda forma, a divulgação da reunião, realizada a portas fechadas, parece provocar um certo efeito de "carnavalização", noção definida pelo pensador russo Mikhail Bakhtin[25] como a transposição para o discurso da quebra de hierarquia típica do Carnaval – "o carnaval é um espetáculo sem ribalta e sem divisão entre atores e espectadores", afirma Bakhtin em seu famoso livro sobre Dostoiévski).

---

25 BAKHTIN, M. Problemas da Poética de Dostoiévski. Rio de Janeiro: Forense Universitária, 1981.

Sem dúvida, expor certa intimidade do presidente em reunião o tira um pouco da pompa de seu cargo. Além disso, o próprio modo como Bolsonaro e os ministros se referem a adversários políticos já parece carnavalizado: de integrantes do STF a governadores, todos são despidos das honras dos cargos que ocupam.

É verdade que o próprio Bolsonaro por vezes deixa de lado essa respeitabilidade. Em diversas ocasiões, vale-se de certa linguagem maliciosa (como no ataque à repórter da Folha Patrícia Campos Mello, em que jogou com um sentido duplo da palavra "furo").

Mas a malícia é diferente do palavrão. É uma linguagem que se insinua, sem escrachar, permitindo a quem dela se vale negar o dito e atribuir a quem ouve a responsabilidade pelo "mal pensamento". O palavrão, por sua vez, não admite mal-entendido: é, como se diz, curto e grosso.

# AGOSTO DE 2020

*Rapidamente, havíamos caminhado para a temida marca de 100 mil mortos pela covid-19 no Brasil, um dos líderes globais em vítimas por mil habitantes, único país do mundo a responder à pandemia a partir do esvaziamento do Ministério da Saúde. E a pior notícia era que "o céu seguia desabando".*

# HIROSHIMA É AQUI: SILÊNCIO, VERGONHA E HUMILHAÇÃO

## O CÉU SEGUE DESABANDO E O LIMITE DESSA QUEDA É SETE PALMOS ABAIXO DO CHÃO

**Por: Sidarta Ribeiro**

Façamos um segundo de silêncio por cada uma das cem mil brasileiras e brasileiros que perderam a vida em decorrência da covid-19. Serão mais de 27 horas de tristeza emudecida, multiplicada pelas redes de afetos despedaçados de cada pessoa que nos deixou. Se optarmos por seguir o minuto protocolar, serão mais de dois meses sem abrir a boca, no silêncio envergonhado de quem não conseguiu impedir o pior.

Em 1945, a primeira bomba atômica a ser usada numa guerra carbonizou um terço da população da cidade japonesa de Hiroshima, cerca de oitenta mil pessoas desaparecidas repentinamente. O fracasso do enfrentamento da covid-19 no Brasil já é maior do que o desastre de Hiroshima.

A humilhação é máxima porque o pior aconteceu e segue acontecendo, apesar de todos os avisos que tivemos. Há muitos anos a ciência vem alertando repetidamente sobre o perigo iminente de um vírus contagioso, letal e transmitido pelo ar, como foi o caso do SARS-CoV-1 em 2003, predecessor direto da peste atual.

Quando ainda era presidente dos EUA, Barack Obama se comprometeu com o financiamento das pesquisas que poderiam ter nos valido uma vacina eficaz neste momento. Mas sobreveio o governo Trump e seu completo desprezo pelas instituições multilaterais como a Organização Mundial da Saúde (OMS), que os EUA se preparam para abandonar em breve. A ciência passou a ser ameaçada pela redução de financiamento e mesmo os poderosos EUA se viram despreparados quando a SARS-CoV-2 chegou.

Para entender a enormidade de nossa vergonha e estupidez, é preciso compreender que os alertas não vieram apenas de cientistas, com seus jalecos brancos e palavras difíceis. Lideranças de povos originários de todo o planeta, caciques e pajés ameríndios à frente, alertam há séculos para a urgência de reconhecermos os riscos letais de nosso contato predatório com a natureza. O avançado estado de putrefação da autodenominada "civilização" vem sendo sistematicamente denunciado por humanos de sabedoria e visão, como o xamã Yanomami Davi Kopenawa.

Infelizmente, tem sido em vão. O leviatã capitalista só entende o perigo depois que ele se instala completamente – ou nem mesmo assim. O caso do Brasil é ainda mais trágico do que tantos outros, pois tivemos ampla oportunidade de preparação. A pandemia se espalhou pelo mundo do leste para o oeste, dando ao continente americano uma vantagem de cerca de dois meses para levantar as fronteiras sanitárias, organizar a quarentena e planejar medidas que evitassem o caos. Mas diante da possibilidade de uma reação racional e compassiva, fizemos tudo errado. Enquanto Bolsonaro estava em queda de braço com seu então ministro da Saúde, Luiz Henrique Mandetta, o Brasil desperdiçou toda a vantagem que tinha.

Não implementamos como deveríamos a testagem sistemática, o rastreio dos infectados e a ampliação da capacidade de internação com tratamento intensivo. Em nenhum momento o governo chegou a cogitar descontingenciar o Fundo Nacional de Desenvolvimento Científico e Tecnológico (FNDCT), cerne dos recursos para investimento em ciência no Brasil, congelado em cerca de 90% durante todos os insuportáveis 20 meses do desgoverno atual. Sob a tutela de militares amantes de cargos comissionados mas totalmente despreparados para a realidade de uma epidemia, fomos para a guerra viral sem planos, sem armas e sem munição.

E então, para agregar insulto à injúria, quando a foice da morte finalmente chegou com sanha implacável ao país, deparou-se com o esforço evidente do presidente em negar o vírus e assim espalhá-lo melhor, em ajuntamentos populares duplamente abjetos – pela promoção do contágio e pela militância antidemocrática neofascista. A recusa em utilizar máscaras e frases como "vida que segue" pautaram na mídia o despudorado cinismo federal com a vida.

Nada ilustra melhor o descalabro do que a situação atual do Ministério da Saúde (MS). Comandado por um general ignorante em medicina mas sobretudo desprovido de qualquer empatia pelo sofrimento alheio, o MS trata os cidadãos como o exército brasileiro tratou seus soldados nas poucas guerras de verdade em que se meteu: como bucha de canhão.

Há poucos dias, Eduardo Pazuello declarou ao lado de Bolsonaro que é bom já irmos nos acostumando, pois o Sars-CoV-2 veio para ficar, assim como o vírus HIV.

Impossível explicar ao antiministro do anticristo que evitar os contágios por HIV requer apenas uma campanha governamental bem-sucedida em promover o uso de preservativos e seringas descartáveis – coisa que o governo brasileiro fez com excelência por décadas, mas que retrocedeu no governo atual.

Impossível explicar a esses humanos anti-ideias que se o HIV fosse transmitido pelo ar estaríamos em situação calamitosa. Como Bolsonaro explicitou na mesma ocasião, eles só querem "se safar". Escapar da enorme responsabilidade. Safados.

É claro, entretanto, que a culpa não é apenas de Bolsonaro e seus asseclas incompetentes e sádicos. As 100 mil pessoas que já não respiram nem amam são crime doloso de todos e todas que fizeram coro delirante com o analfabetismo científico do governo federal.

Na politização estúpida de uma questão de vida ou morte, no oba-oba supersticioso e raso de quem se acredita imortal e pouco se importa com a contaminação alheia, na brutalidade de nossas relações anti-povo, desperdiçamos as inúmeras oportunidades que tivemos de esquivarmos coordenadamente da primeira onda de contágios. Fracassamos enquanto nação e por isso estamos recebendo a explosão da granada viral com a cara aberta da boçalidade e o peito mofado de incivilização.

Nossa falência moral e intelectual é tão profunda que se torna quase impossível reagir ao risco de que toda essa mortandade seja apenas o começo da catástrofe.

A pandemia está no início do fim, ou no fim do início? Virá a segunda onda ou será ainda pior, apenas uma imensa e longa primeira onda que ainda irá destruir milhares de vidas e seguirá triturando o tecido social e econômico do país? As 100 mil covas abertas e fechadas às pressas são o número do dia, nada mais. O céu segue desabando e o limite dessa queda é sete palmos abaixo do chão. Pense nisso quando estiver aplaudindo o presidente.

# AGOSTO DE 2020

*Tomados pela máquina de produção de ruídos com o nome de bolsonarismo, os brasileiros nos encontrávamos perdidos entre a impotência de dizer e a incapacidade de silenciar. Este era o país dos cem mil e dos sem luto.*

# CEM MIL E SEM LUTO

## DA NEGAÇÃO AO AUTOSSACRIFÍCIO, AS FASES DO TRAUMA BRASILEIRO

**Por: Rafael Burgos**

O Brasil perdeu mais de 100 mil vidas para a covid-19, tornando-se, ao lado dos Estados Unidos, o único país no mundo a ter alcançado essa triste marca.

Anestesiados face a uma média diária que, há meses, circunda as mil mortes, somos a nação cujos esclarecidos são aqueles que, diante do ímpeto do vírus, bradam que "não há o que fazer". Isso porque a outra parte é composta por aqueles que sequer admitem a veracidade dos números divulgados neste sábado (8). Ou por quem, confrontado com nossa falência, mudará de canal e encontrará o placar da vida.

Mas, como disse, chegará o tempo de narrar toda esta epifania. O assunto principal, aquele que moverá tribunais – os da Justiça e os da História – será, sem dúvidas, o descaso do Estado brasileiro com a vida dos cidadãos. É isto que, desde março, tem sido documentado mundo afora e País adentro.

Mas essa é apenas uma faceta da nossa tragédia. Peço licença porque, neste dia simbólico, gostaria de falar sobre um outro fracasso brasileiro, aquele que se esconde em nossas rotinas tão preenchidas, em nossa patológica e inadiável ansiedade de "retomar". Porque ao descaso com os vivos soma-se a nossa indiferença com os mortos.

Viver no Brasil é sentir que nos falta a capacidade de dizer, mas que, ao mesmo tempo, nos foi roubado o direito de silenciar. É, precisamente, quando enterra-se, junto com os corpos, qualquer possibilidade de luto.

De modo muito pertinente, o jornalista Thomas Traumann classificou Jair Bolsonaro como o "presidente do barulho". Sinto que há algo na alma brasileira também contaminado por esse *modo de ser* tão peculiar, de maneira que contar a história dos sem luto é narrar a vitória da força que habita o Planalto e que, de alguma forma, se apossou dos nossos afetos.

É tomado por essa perplexidade que tenho assistido ao drama do povo libanês, que de maneira justa tem despertado a nossa atenção nos últimos dias. Há algo de muito simbólico na maneira como aquela explosão – ou a morte carregada de espetáculo – nos atinge e como a morte silenciosa, a que tem vitimado mais de mil brasileiros diariamente, nos entedia.

É que este é um país construído sobre corpos escondidos, memórias apagadas, laços forjados. De repente, a pandemia nos atropelou, desvelando, numa emergência histórica, tudo o que queríamos não saber sobre nós mesmos.

Foi quando entrou em cena o bolsonarismo.

Como se soubesse da imensa aflição que este choque de realidade nos causaria, o bolsonarismo começou a bradar, desesperadamente, que não poderíamos parar. O luto era seu maior inimigo e, por essa razão, ele nos convidou a marchar, indefinidamente, em direção a lugar nenhum, apenas pelo benefício de *estar em movimento*. "Tocar a vida", como disse o presidente em sua tão distinta franqueza, é, desde o dia 1 da pandemia, o nosso próprio espírito do tempo.

Há uma foto que muito bem acompanharia essa frase como retrato do Brasil. Trata-se de um comício eleitoral realizado pelo presidente Jair Bolsonaro no Piauí, no dia 30 de julho, quando o país já superava 90 mil mortes provocadas pela covid-19.

Essa foto reúne, simbolicamente, a nossa dupla falência moral: o descaso com a vida e a indiferença com a morte. Se o Bolsonaro aglomerado e sem máscara é o retrato dos cem mil, o presidente que, sorridente, caminha sobre um cavalo é a expressão dos sem luto.

Ou de um país que, mesmo confrontado com a (sua) morte, decidiu "tocar a vida". Ser brasileiro é ter a estranha sensação de que, mesmo quando tudo se paralisa, seguimos em movimento. Difícil é encontrar um dia sem eventos num país que adormece.

(Imagem: Alan Santos/PR)

Tudo acontece como se fôssemos um corpo coletivo a jamais superar o estágio inicial do nosso trauma – o da negação. E, então, passamos ao autoengano, o que, numa pandemia, quer dizer autossacrifício.

De maneira muito dolorosa, essa pandemia também joga fora outras ilusões. Ou de como é impossível falar em "democracia brasileira" sem, antes, construirmos uma República. E que não se construirá República alguma enquanto não houver país – enquanto não formos capazes de chorar as mesmas lágrimas.

Em ensaio para a edição de julho da revista serrote, o historiador italiano Carlo Ginzburg discorreu sobre a sua descoberta de que o país ao qual pertencemos não é aquele que amamos, mas do qual sentimos vergonha.

Citando uma passagem da *Ilíada*, Ginzburg lembra que "o vínculo suscitado pela vergonha pode ser estendido não apenas ao ato de ter vergonha de si mesmo, mas também ao ato de ter vergonha pelo comportamento de outrem, vivo ou morto".

Pois talvez resida aí o potencial brasileiro. Se existe alento por aqui é que, um dia, nós desceremos do cavalo. Será o momento de olhar para trás e se envergonhar de quem fomos, de quem somos: o país dos cem mil e dos sem luto.

# JANEIRO DE 2021

*Em tons que hoje soam premonitórios, em janeiro de 2021, a coluna repercutia a invasão de trumpistas ao Congresso norte-americano, alertando para o que, dois anos depois, aconteceria no Brasil. Que o país tenha passado os vinte e quatro meses seguintes com este alerta e nada tenha feito para impedi-lo resulta em uma das grandes tragédias de nossa (anestesiada) vida política sob o bolsonarismo.*

# INVASÃO AO CONGRESSO AMERICANO SERVE DE ALERTA AO BRASIL

## DEMOCRATAS BRASILEIROS PRECISAM SE MOBILIZAR, URGENTEMENTE, PARA EVITAR QUE O CENÁRIO TRUMPISTA SE REPITA NO PAÍS

**Por: Raphael Tsavkko Garcia**

Com bandeiras confederadas e, em alguns casos, portando armas, milhares de ativistas de extrema-direita incitados pelo presidente derrotado nas eleições de 2020, Donald Trump, e por outros membros destacados do Partido Republicano, como Ted Cruz, invadiram o Congresso americano, entrando em confronto com policiais no local. É impossível saber quais serão as consequências no longo prazo para os Estados Unidos e para o mundo – e o Brasil em particular.

2021 não será um ano fácil, mesmo sem contarmos com a pandemia da covid-19. A onda de choque dos acontecimentos nos EUA, independentemente do sucesso ou fracasso da tentativa de golpe perpetrada pelo trumpismo, será sentida em todas as partes. A desestabilização da democracia mais poderosa do mundo nos traz apenas incertezas.

Claro, alguns podem dizer que os EUA estão tendo o que merecem ao passarem, ironicamente, pelo mesmo processo que eles financiaram e incitaram por mais de um século em boa parte do mundo. Âncoras de TV pareciam embasbacados, não conseguiam entender como o país havia chegado a esse ponto, tampouco parecia passar pela cabeça deles que os Estados Unidos fizeram dezenas de países passarem pelo mesmo ou até pior.

Mas, com os pés no chão, temos de entender que um golpe nos EUA (ou sua tentativa) pode levar a consequências terríveis por todo o mundo. Pior, sequer conseguimos prever quais seriam dado o ineditismo da situação. Se Trump tem tentado dar um golpe desde as eleições, agora ficou absolutamente claro que ele tem o apoio de milícias criminosas – e armadas – dispostas a consumar o golpe.

Segundo José Antonio Lima, jornalista e professor de Relações Internacionais, "já se pode dizer desde a eleição [que um golpe está em curso] e hoje é o momento mais simbólico de uma empreitada que, por um lado, é tragicômica, mas por outro pode ter impactos de longo prazo na posição dos EUA como modelo."

E fica a lição para os legisladores brasileiros: não se contemporiza com fascistas. Não se permite que milícias armadas se organizem, que grupelhos como os de Sara Winter se reúnam livremente às portas do Supremo Tribunal Federal. Acima de tudo, não é tolerável que uma central de ódio e fake news se organize e promova campanhas de desinformação de dentro do Palácio do Planalto – como é o caso do gabinete do ódio.

Em um país cujas instituições têm solidez duvidosa e cuja democracia é apenas recente – e cujos criminosos da ditadura passada não apenas não foram julgados e condenados, como são parte do atual governo e homenageados pelo próprio presidente –, eventos como o que se vê acontecer hoje em Washington acendem no imaginário um perigo ainda maior. Dessa maneira, a tarefa de responsabilizar Jair Bolsonaro pelos múltiplos crimes cometidos desde a cadeira da Presidência ganha elevados níveis de urgência. Trata-se de tirá-lo do poder antes que ele o tome à força.

Se parecem assustadoras as imagens de bandeiras confederadas dentro do Congresso americano, nos deveria enojar da mesma forma a defesa e as homenagens de Bolsonaro a um torturador e assassino como Brilhante Ustra. É assustador pensar no perigo que a democracia brasileira corre diante das imagens da tentativa de golpe de Donald Trump nos EUA. As instituições americanas são, ao menos em tese, fortes. As nossas, não – e estão cada vez mais frágeis, desacreditadas.

Fica o desejo de que essas ideias não cheguem a Bolsonaro, ou melhor, que ele não as execute, porque indicações de que não aceitará uma derrota são inúmeras. Ao contrário dos EUA, Bolsonaro conta com apoio do Exército, com a simpatia de altos cargos (e de inúmeros soldados) da Polícia Militar e mantém um sólido apoio de 30% da população, enquanto a oposição bate cabeças e ainda se mostra incapaz de esboçar qualquer resistência.

Não faltam análises sobre como chegamos até aqui – fake news, descrédito da imprensa, identitarismo da esquerda, fadiga com a política tradicional, dentre outras. No entanto é preciso ir além da análise do "como" para chegamos a "o que fazer".

Precisamos resgatar a confiança na imprensa, e para isso ela própria deve decidir de que lado está: o da democracia, ou o do caça-cliques, das notícias falsas, da contemporização e do "doisladismo". É preciso resgatar a confiança na ciência, no conhecimento, na educação, não baixando a cabeça diante de negacionismo, de terraplanismos ideológicos e argumentativos, não permitindo que ideias inaceitáveis e sem base científica ocupem o mesmo espaço no debate público que posições embasadas em ciência e em fatos. E para isso é preciso combater o fundamentalismo religioso, é preciso colocar um fim aos benefícios e isenções de líderes religiosos e suas igrejas e fazê-los respeitar as mesmas regras que o resto da população.

E, é fundamental, os democratas do país precisam se unir para pôr um fim ao bolsonarismo. Para dar um basta não apenas a um governo que tem destruído o país e o entregado à pandemia, mas à ideologia ou conjunto de ideologias que o sustenta.

Ações são necessárias agora – na verdade estão atrasadas. Senão em 2022 poderemos ter um presidente que, como Trump, se recusa a respeitar o resultado das eleições, podendo se aproveitar de sua influência nas Forças Armadas e na polícia para garantir sua continuidade. Isso, claro, se ele não vencer as eleições, afinal hoje é o cenário mais provável, já que inexiste oposição organizada. A eleição para a presidência do Senado, afinal, mostra a dificuldade de se formar uma frente ampla e expõe a fragilidade dos acordos alcançados.

Em ambos os casos – de vitória eleitoral ou de derrota seguida de contestação –, é difícil acreditar que a democracia brasileira aguentará o tranco, mais quatro anos (ou, contando desde hoje, seis anos) de negacionismo, de repúdio à ciência e à razão, de políticas genocidas contra populações indígenas (em que pese serem, em muitos aspectos, continuidade de governos anteriores), de políticas direcionadas à destruição da Amazônia, das instituições democráticas e do tecido social.

A lição que fica da tentativa de golpe nos EUA é de que os democratas no Brasil precisam se mobilizar urgentemente para evitar que o cenário se repita no país, porque, como já disse o próprio deputado federal Eduardo Bolsonaro (PSL-SP), em raro momento de lucidez, sobre uma tentativa de golpe de Estado: "O problema não é mais se [haverá uma ruptura], mas quando".

# MARÇO DE 2021

*Passados exatos doze meses desde quando o trauma da pandemia começou a ser desenhado no país, o bolsonarismo, como um brinquedo quebrado, seguia repetindo os mesmos mantras e o presidente, apostando nos velhos discursos de negação da pandemia e apelo a remédios falsos, ainda que, àquela altura, outros negacionistas como Donald Trump e Boris Johnson já tivessem voltado atrás.*

# NO ANIVERSÁRIO DA FALA DA 'GRIPEZINHA', ELA MATA 300 MIL BRASILEIROS

## RUMAMOS AO PRECIPÍCIO SEM AO MENOS O CONSOLO DE APRENDER COM OS NOSSOS ERROS, EIS A TRAGÉDIA NACIONAL

**Por: Rafael Burgos**

Quis o destino que a marca de 300 mil mortos pela covid-19 no Brasil tenha sido atingida no mesmo dia em que se completa o aniversário de um ano do pronunciamento da 'gripezinha', feito por Jair Bolsonaro em 24 de março de 2020.

No momento em que o país se consolida como ameaça sanitária global, contar a história de como chegamos até aqui se confunde com a desagradável tarefa de pontuar as ideias fixas do presidente brasileiro.

Quando Bolsonaro se dirigiu pela primeira vez à nação desde que, duas semanas antes, a Organização Mundial da Saúde (OMS) havia declarado a pandemia de covid-19, ainda eram escassas as informações acerca da doença.

Experiências pregressas de combate a outros coronavírus, sobretudo no continente asiático, orientaram tomadas de decisões à medida que o mundo começava a conhecer melhor os efeitos do Sars-CoV-2, causador da covid-19.

Na noite do dia 24 de março, Bolsonaro não era, portanto, o único chefe de Estado com ideias equivocadas sobre o combate à pandemia. Como a essa altura já se conhece, casos emblemáticos vêm à tona.

Em 27 de fevereiro, o prefeito de Milão, Giuseppe Sala, divulgou em suas redes a campanha "Milão não para", indo na contramão de medidas restritivas para contenção do vírus que começavam a ser adotadas na Itália. Na época, a Lombardia, região onde fica Milão, registrava 258 pessoas infectadas pelo vírus, e o país inteiro contabilizava 12 mortes.

Um mês depois, a Itália sucumbia ao vírus, com um colapso de seu sistema de saúde. Mundo afora, a Lombardia estampava a capa de jornais, sinalizando que o pior poderia acontecer caso não estivéssemos preparados.

Para quem observava de fora, o drama italiano oferecia elementos fundamentais do que não deveria ser repetido no combate à pandemia, algo crucial para países que ainda dispunham de tempo para se organizar antes da tempestade chegar.

Em consonância com este processo de aprendizado, o prefeito de Milão, um mês após a sua declaração, admitiu o erro de ter apoiado a campanha contra a paralisação dos serviços na cidade.

Ainda na Europa, outro caso emblemático: em meados de março de 2020, o Reino Unido chamava a atenção do noticiário internacional por adotar uma estratégia diferente de enfrentamento da covid: a imunidade de rebanho.

Enquanto toda a Itália estava em quarentena, a França ordenava o fechamento de locais públicos não essenciais e a Espanha decretava estado de emergência por 15 dias, o governo britânico, capitaneado pelo primeiro-ministro Boris Johnson, defendia que pessoas com o sintoma da doença deveriam ficar em casa por uma semana e que o restante da população deveria tocar suas vidas normalmente, usando o transporte público, frequentando escolas, universidades, espetáculos e restaurantes.

Como registrado na coluna Entendendo Bolsonaro, a orientação foi abandonada quatro dias após anúncio oficial, diante de estudo do Imperial College que projetava a morte de até 250 mil pessoas como consequência de tal política. Semanas depois, e após passar pela experiência de internação na UTI em razão da covid, Johnson viraria a chave de modo definitivo, trilhando, desde então, um caminho que causa inveja a boa parte do planeta.

Antes protagonista de falas negacionistas sobre o vírus, o primeiro-ministro britânico hoje comanda um dos países líderes na rota de fuga da pandemia. Com metade de todos os adultos já vacinados na primeira dose, e diante de um ritmo recorde de imunização, a expectativa é de que o Reino Unido atravesse o verão europeu em clima de 'retorno à normalidade'.

Encerrando a nossa lista de exemplos, cabe citar a OMS, considerando os diversos casos em que o órgão modificou suas recomendações para enfrentamento do vírus durante este período de um ano.

Desde o uso de máscaras em público por pessoas saudáveis, passando por orientações acerca da testagem até a quantidade de dias de isolamento, diversas imprecisões foram corrigidas, levando a mudanças nas orientações passadas à comunidade internacional no percurso da pandemia.

Como dissemos anteriormente, a escassez de informações acerca do novo coronavírus e a total ausência de tempo para uma preparação adequada fizeram com que parte fundamental do conhecimento aplicado neste período tenha sido aprimorado conforme a experiência da pandemia indicava erros e acertos. E é neste aspecto particular, na *relação com a experiência*, que reside uma peculiaridade brasileira.

## AS IDEIAS FIXAS DE BOLSONARO

Quando revisitamos com atenção as palavras ditas por Jair Bolsonaro na noite do dia 24 de março de 2020, percebemos que, embora as previsões otimistas ali enunciadas tenham fracassado de modo colossal, algumas das ideias-chave que as motivaram, um ano depois, ainda habitam a cabeça do presidente brasileiro.

> *"[Os meios de comunicação] espalharam exatamente a sensação de pavor (...). O cenário perfeito, potencializado pela mídia, para que uma verdadeira histeria se espalhasse pelo nosso país"*

> *"Sem pânico ou histeria, como venho falando desde o princípio, venceremos o vírus e nos orgulharemos de viver nesse novo Brasil"*

Àquela altura, Bolsonaro bradava que, mais grave do que o vírus, seria a "histeria" provocada pela imprensa diante da chegada da covid, que, segundo ele, passaria "brevemente".

Em conversa com apoiadores quase um ano depois, no dia 3 de março de 2021, já em meio ao iminente colapso hospitalar em todo o país, o presidente não parecia pensar diferente acerca da histeria. "Criaram pânico, né? O problema está aí, lamentamos. Mas você não pode entrar em pânico. Que nem a política, de novo, do 'fique em casa'. O pessoal vai morrer de fome, de depressão?", frisou, em vídeo divulgado nas redes sociais.

Um dia depois, em sua live semanal, Bolsonaro insistiu:

> *"Eu lamento qualquer morte, mas parece que só morre gente de covid no Brasil. Outras pessoas estão morrendo por outras doenças porque ficam em casa com medo, com pavor. O vírus do pavor foi inoculado nessas pessoas"*

As declarações vão na linha do que disse o então ministro Pazuello em dezembro de 2020, por ocasião do evento que lançou o Plano Nacional de Imunização, no Palácio do Planalto. "Para que essa ansiedade, essa angústia?", perguntou Pazuello, diante da pressa para o começo da vacinação no Brasil.

O que se passa no mundo tem mostrado que o grupo de risco é o das pessoas acima dos 60 anos. Por que fechar escolas? Raros são os casos fatais de pessoas sãs com menos de 40 anos de idade

Diante da chamada "segunda onda da pandemia", profissionais de saúde em todo o país têm registrado uma severa mudança no perfil etário dos internados pela doença. Após as aglomerações de fim de ano, e diante de uma variante mais contagiosa, pessoas abaixo de 60 anos representam uma porção cada vez maior dos atingidos pela covid no Brasil. Mas, para Bolsonaro, nada mudou.

Na mesma live do dia 4 de março, em que acusou brasileiros de terem "frescura" e ficarem de "mimimi" (sic), Bolsonaro fez uma defesa implícita do isolamento vertical, argumento levantado um ano atrás segundo o qual apenas os idosos deveriam ficar em isolamento social. "Chega de frescura e de mimimi, vão ficar chorando até quando? Temos que enfrentar os problemas, respeitar obviamente os mais idosos, aqueles que têm doenças, comorbidades. Mas onde vai, onde vai parar o Brasil se nós pararmos?", afirmou o presidente.

A defesa do isolamento vertical já se revelava um despropósito mesmo quando do discurso da 'gripezinha'. O que espanta, entretanto, é como a mudança no perfil dos atingidos em nada alterou a visão de mundo do presidente. Um ano se passou, mas é como se, em sua cabeça, suas ideias jamais envelhecessem.

> *"Enquanto estou falando, o mundo busca um tratamento para a doença. O FDA americano e o Hospital Albert Einsten, em São Paulo, buscam a comprovação da eficácia da cloroquina no tratamento do covid-19. Nosso governo tem recebido notícias positivas sobre este remédio fabricado no Brasil e largamente utilizado no combate à malária, lúpus e artrite"*

> *"Acredito em Deus, que capacitará cientistas e pesquisadores do Brasil e do mundo na cura desta doença"*

Não parece surpresa constatar a mais celebrada das ideias fixas de Jair Bolsonaro, a cloroquina. À época do pronunciamento do presidente, o medicamento tinha eficácia conhecida para doenças como a malária. Inexistiam testes sinalizando a sua utilidade para o enfrentamento da covid.

Um ano depois, o cenário é bem diferente. Incontáveis estudos publicados em nível nacional e internacional comprovam a ineficácia da cloroquina para tratamento da doença, bem como de sua irmã no ciclo de desinformação bolsonarista, a ivermectina.

Apesar das evidências em contrário, estudo do Centro de Análise da Liberdade e do Autoritarismo (LAUT), produzido em novembro de 2020[26], identificou que, mesmo após divulgação de estudos cientí-

26 Scientific [Self] Isolation. Centro de Análise da Liberdade e do Autoritarismo, 2020.

ficos, ambos os remédios continuam a exigir um esforço permanente de agências de checagem de notícias, como consequência da campanha nas redes bolsonaristas — à diferença de praticamente todos os países do mundo.

Como se não bastasse, na última sexta (19), conforme revelou a revista Época, Bolsonaro entrou ao vivo, por telefone, na programação de uma emissora de rádio do Rio Grande do Sul para defender o uso de nebulização de hidroxicloroquina diluída em soro nos pacientes com covid-19.

"Para salvar vidas, vale qualquer coisa. Sabemos que a vacina é um custo bilionário para o mundo todo. E parece que grupos interessados em investir apenas na vacina é que deixam de lado a questão do tratamento preventivo que existe e também o tratamento logo após a contração da doença", disse o presidente.

## UMA PARTICULAR RELAÇÃO COM A VERDADE

Diante de todo esse percurso, e dos exemplos que citamos para ilustrar como outros países lidaram com os próprios erros na condução da pandemia, parece evidente que as 300 mil vítimas de covid-19 decorrem de um ingrediente especialmente brasileiro, e ele está na particular relação que Jair Bolsonaro estabelece com a verdade e com a própria ideia de experiência.

Se somássemos a quantidade de erros cometidos pelo governo brasileiro na condução da pandemia, certamente, estaríamos no pódio. Mas o que faz de nós uma ameaça ao mundo decorre menos do volume de equívocos do que, propriamente, de como lidamos com estes equívocos.

"Eu devo mudar meu discurso? Devo me tornar mais maleável? Devo ceder? Fazer igual à grande maioria está fazendo? Se me convencerem do contrário, faço, mas não me convenceram ainda", afirmou o presidente.

Em artigo publicado em dezembro de 2020, os pesquisadores Guilherme Casarões e David Magalhães[27] defendem que, em vez de "negacionismo", a atuação bolsonarista na pandemia deve ser classificada como "populismo sanitário". Isso porque, em vez de exatamente negar a ciência, o que o bolsonarismo faz é manipular evidências a serviço de uma narrativa preestabelecida, criando assim uma "ciência alternativa".

No caso de Bolsonaro, este processo de *ser convencido do contrário* não é um horizonte possível, uma vez que é incompatível com a maneira como o presidente se relaciona com a verdade. O que determina a validade de seus pensamentos não é o grau em que eles colidem com as evidências, mas uma mera questão de oportunidade política. Bolsonaro muda de opinião não quando *é convencido* de que errou, mas quando *se convence* de que a sua estratégia retórica deve mudar.

O que nos torna singulares, portanto, é que rumamos ao precipício sem o consolo de aprender com os nossos erros. Passados 365 dias, o discurso da 'gripezinha' ainda assombra o Brasil e nos põe de joelhos frente a 300 mil corpos, vítimas das ideias fixas de Jair Bolsonaro. Como numa suspensão da história, o país vive o seu eterno presente sem passado.

27 CASARÕES, G.; MAGALHÃES, D. A aliança da hidroxicloroquina: como líderes de extrema direita e pregadores da ciência alternativa se reuniram para promover uma droga milagrosa. Revista de Administração Pública, v. 55, n. 1, p. 197-214, 2021.

# MAIO DE 2021

*Na segunda metade do governo Bolsonaro, ganhava corpo um dos episódios decisivos para o desgaste de sua força política e, consequentemente, para a derrota eleitoral de 2022: a CPI da Pandemia, marcada, no lado da bancada bolsonarista, por uma mistura de radicalismo ideológico com a submissão bovina ao poder.*

# DURANTE A CPI E, NA PRÁTICA, A TEORIA DO BOLSONARISMO É OUTRA

## O MODELO DE SOCIABILIDADE DO BOLSONARISMO, NO LIMITE, SE TRADUZ EM ÓDIO À PRÓPRIA NAÇÃO

**Por: Cesar Calejon**

Conforme abordado em artigo prévio na coluna Entendendo Bolsonaro, a interseção do bolsonarismo com a pandemia entre os anos de 2020 e 2021 criou a tempestade perfeita para o Brasil: uma sindemia de caráter sanitário, político e econômico sem precedentes na nossa história.

Nos últimos quinze meses, o presidente Jair Bolsonaro, além de negar enfaticamente o problema, recomendar remédios comprovadamente ineficazes contra a covid-19 e combater as únicas medidas que foram prescritas por autoridades médicas e científicas ao redor do mundo contra o patógeno, criou uma crise institucional com múltiplas dimensões no que tange a conflitos internos no governo federal, entre os níveis federativos, com os outros poderes da República e junto à sociedade internacional.

Os resultados vêm sendo trágicos para o Brasil: da falta de estabilidade política, passando pela insuficiência do plano vacinal à ausência da colaboração internacional.

Agora, com mais de 410 mil mortes registradas oficialmente em decorrência da covid-19 e enquanto Jair Bolsonaro insiste em continuar trilhando o mesmo caminho, a tropa bolsonarista convocada para a CPI tenta, inutilmente, convencer os membros da comissão (e o restante do país) de que o mandatário brasileiro simplesmente não adotou as posturas que foram amplamente registradas em vídeos, pela imprensa e nas redes sociais.

Basicamente, a missão indigna e ingrata ficou a cargo dos ministros Luiz Eduardo Ramos (Casa Civil), Onyx Lorenzoni (Secretaria-Geral) e Flávia Arruda (Secretaria de Governo), bem como dos senadores Ciro Nogueira (PP-PI) e Fernando Bezerra (MDB-PE), líder do governo no Senado.

Contrariando a sua própria orientação sobre como se deve enfrentar uma situação desafiadora e calamitosa, Bolsonaro vem tentando, de todas as formas, esvaziar os recursos da CPI para que figuras-chave do processo não sejam ouvidas em caráter oficial ou tenham mais tempo para ensaiar as suas respectivas desculpas evasivas. Ou seja, na prática, a valente teoria do bolsonarismo é outra.

Assim, os esforços da "estratégia" utilizada pela base governista que luta pela isenção presidencial na CPI da Covid se resumem em duas dimensões táticas: (1) criar o tumulto e a confusão para atrasar ou embaralhar o processo e (2) negar veementemente os fatos que estão registrados e podem ser encontrados por meio de uma simples busca via internet.

Apesar de parecer absurdamente ilógico e estúpido, esse método bolsonarista constitui uma programática política idealizada pelo estrategista político Roger Stone.

Com uma tatuagem do rosto de Richard Nixon, ex-presidente estadunidense, estampada nas costas, Stone, um dos principais consultores políticos da campanha de Donald Trump em 2016, foi talvez a figura central responsável por estimular estes tipos de raciocínios na população mais conservadora dos Estados Unidos e, consequentemente, do Brasil e de outras partes do mundo em seguida.

Em seu livro, intitulado "Stone's Rules: How to Win at Politics, Business and Style[28]", Stone elaborou uma série de regras para sintetizar a sua filosofia de vida e de trabalho, entre as quais o autor ressalta que "é melhor ser infame do que totalmente desconhecido", "vale absolutamente tudo para vencer" e que um "bom político nunca deve

28 Simon and Schuster, 2018

admitir nenhum erro, mas sim negar tudo e lançar-se imediatamente ao contra-ataque".

Contudo, existe certo limite, que esbarra no esclarecimento dos fatos (objetivo central da CPI), considerando o que se pode conquistar utilizando esse tipo de estratégia proposta por Roger Stone.

Frente ao desafio inatingível que lhe foi atribuído, a tropa bolsonarista vem batendo cabeças e entrando, com muita frequência, em rota de colisão internamente, o que também reflete a natureza limítrofe e conflituosa do próprio bolsonarismo.

Apesar dos contextos díspares e das suas respectivas peculiaridades, a comparação fácil entre o nazismo e o bolsonarismo torna-se inevitável mais uma vez. Hitler, por exemplo, na iminência da derrota e cercado nos seus últimos dias no bunker, culpou de forma absoluta os seus generais mais próximos e, em última instância, o próprio povo alemão pela derrota nazista. Segundo o Führer, os alemães não estariam à altura do projeto que ele havia idealizado à nação.

Naquela ocasião, jovens de 13, 14 e 15 anos, voltando para casa caminhando por semanas, feridos e exaustos após sofrerem uma derrota sem sequer entender direito porque estavam lutando, foram rechaçados pelas próprias famílias como "perdedores".

Um avô de uma amiga próxima, que perdeu a perna direita em combate e mancou tragicamente até chegar ao seu antigo lar, ouviu da própria mãe que ele deveria ter morrido no campo de batalhas para poupar a família de tamanha vergonha.

Assim como o nazismo, o bolsonarismo também encarna esse modelo de sociabilidade que se baseia no ódio e que, no limite, se traduz em ódio à própria nação. Nessa empreitada, o regime bolsonarista arrasta parte das Forças Armadas e do Poder Legislativo para a inevitável derrota que se desenha no horizonte. Um Estado suicida, em última instância.

"Os que me criticam afirmando que eu não tenho alma ou princípios são perdedores. Perdedores amargos", resume Roger Stone em seu livro, referindo-se, inclusive, a alguns antigos aliados. Assim como fizeram Hitler, Stone e todos os outros ideólogos do caos que se utilizaram desta postura para conduzirem os seus projetos políticos, Bolsonaro culpará os seus aliados, defensores e seguidores no momento derradeiro da sua queda final.

# JUNHO DE 2021

*500 mil vidas perdidas acumulavam-se na pandemia bolsonarista quando parcela da população aderiu a manifestações em favor do impeachment de Jair Bolsonaro. Nesse momento, suas baixas probabilidades políticas contrastavam com a urgência de políticas públicas minimamente consistentes para frear a barbárie produzida pelo bolsonarismo.*

# DIANTE DE 500 MIL MORTOS, ATOS SINALIZAM URGÊNCIA DE DEFESA DA VIDA

## UM LUTO COLETIVO POR QUEM FOI, MAS TAMBÉM POR QUEM FICOU E NÃO CONSEGUE SORRIR

**Por: José Antonio Moroni e Ana Claudia Teixeira**

Um mosaico ocupou novamente as ruas para gritar "Fora Bolsonaro", por vacina e por comida. Com criatividade e dor, foram feitas intervenções artísticas em várias partes do país.

De manhã, no Rio de Janeiro, a manifestação se iniciou com um instante comovente, um único saxofonista tocava enquanto participantes erguiam silenciosos seus punhos esquerdos cerrados. Ao final da manifestação em Porto Alegre velas foram acesas. No fim da tarde, um caminhão pipa lembrando a marca de 500 mil mortos pela covid derramou, pela extensão da Avenida Paulista, em São Paulo, uma água vermelha cor de sangue.

Em Brasília a presença do levante indígena entoou em suas próprias línguas o genocídio permanente que vivem e nos lembrando que somos vários povos. Nas simbologias dos atos, houve a expressão criativa da dor, o luto se transmutando em indignação, mesmo que a tristeza permaneça.

Os cartazes à mão com nomes dos parentes e amigos mortos também estiveram lá. Muitos apenas com o nome e a data, outros responsabilizando o governo Bolsonaro e a falta da vacina. No mosaico que foram as manifestações de maio e de ontem há espaço de se viver o luto. Um luto coletivo por quem foi, mas também por quem ficou e não consegue sorrir.

Um luto de quem busca forças não se sabe de onde para viver. Um luto coletivo pela fome com a qual nosso país voltou a conviver. Sim, muitas das 500 mil mortes eram evitáveis. Os responsáveis precisam ser julgados, não só pela Justiça brasileira, mas nos tribunais internacionais. Genocídio é crime contra a humanidade. A síntese política perfeita deste momento que vivemos foi o "slogan" novamente repetido: vacina no braço, comida no prato e Fora Bolsonaro.

Cada um traduziu o slogan da forma que pode ou o complementou com suas próprias dores. Sempre de máscara e sem registros de violência policial. Ocupantes de terras urbanas trouxeram um tecido escrito à mão, reivindicando o fim dos despejos. Evangélicos contra Bolsonaro expressaram sua indignação contra um projeto de morte.

As religiões de matriz africana, junto com o povo negro, trouxeram a denúncia de que eles vivem permanentemente em processo de genocídio. A comunidade LGBTI+ trouxe com alegria e exuberância de cores a sua luta cotidiana pelo direito a viver e existir da forma que deseja. As mulheres feministas abriram, com seus batuques, muitas manifestações pelo país. A presença marcante de mulheres em todos os atos denunciava aqueles que querem confiná-las aos 15% na representação parlamentar.

Rostos jovens misturados a alguns não tão jovens. Encontro de gerações, de medos e de sonhos. As juventudes formaram a maioria do público presente nas manifestações. Um mosaico de juventudes diversas, plural e fazendo do seu corpo um ato político.

Eram jovens que se organizam em movimento nacionais ou por direitos como o da educação, bem como pequenos grupos de amigos com uma estética parecida e cartazes especialmente produzidos. Juventudes que espelham uma síntese política: jovens, muitos periféricos, mulheres, feministas, LGBTI+ e negros e negras. Uma presença que chega sem pedir licença e diz "este espaço também é nosso".

As bandeiras, batuques e palavras de ordem já bem conhecidas de quem participa de atos ocuparam novamente as ruas. Mas não só. Pessoas aparentemente não ativistas, pequenos grupos de amigos ou pessoas totalmente sozinhas com cartazes impressos, muitas com seus cachorros, também se fizeram presentes. Todas de máscara, buscando no vai e vem estar juntas e distantes.

Neste mosaico, onde cada peça é diferente mas tem um conjunto que o torna mais belo, a manifestação foi um lugar de busca pelo outro por meio do olhar. As pessoas procuram se reconhecer. A máscara esconde boa parte do rosto e, para proteger do sol, usa-se o boné. Restam os olhos para reencontrar um conhecido, e dizer uma meia dúzia de palavras. Neste reencontro, há o misto de alegria, alívio e dor, pois não parece caber o direito de esquecer as 500 mil vítimas que eram amor de alguém.

Até sábado à noite, foram registradas 750 mil pessoas em 427 cidades em atos realizados no Brasil e em 17 países. Como no dia 29 de maio de 2021, a mobilização foi feita pela Campanha Fora Bolsonaro, que é formada por movimentos sociais, coletivos, articulações, coalizões, sindicatos e partidos de esquerda, e que em sua diversidade tentaram garantir uma organização local bastante plural. Este mosaico tem garantido a unidade das manifestações. Uma diversidade de sujeitos que dialogam e constroem um campo comum de ação e de luta.

Essa é a forma pela qual ambas as manifestações do Fora Bolsonaro foram construídas. Não há uma coordenação central e com isso não se tem um espaço político que receba e processe todas as informações. Mas é certo que ontem os protestos foram bem maiores que os atos de maio, tanto em número de participantes, quanto cidades atingidas e amplitude geográfica. As manifestações se " interiorizaram" pelo país. Há relatos de atos em cidades pequenas. O mosaico aumentou nas suas bordas.

Como em maio houve uma pluralidade de formas de dizer "Fora Bolsonaro". Quem não se sentiu seguro para ir às ruas se manifestou nas carreatas, colocando panos pretos nas janelas, buzinando, colocando cartazes em suas janelas. Nas redes, o slogan do dia foi #19JForaBolsonaro. No Twitter, segundo o pesquisador Fabio Malini, houve uma queda de postagens, foram 1 milhão a menos do que no #29M.

Mesmo assim, cerca de 700 mil tweets foram postados. A participação no Instagram foi significativa, com cerca de 20 milhões de interações. Talvez porque a imagem das manifestações represente mais que muitos textos, talvez pela juventude muito presente nos atos.

No contra-ataque, bolsonaristas tentaram emplacar a narrativa de que se tratavam de "manifestações meramente partidárias". Não foram. E, se fosse, qual seria o problema? Parece que esta narrativa perdeu apelo após a triste marca de 500 mil óbitos ter sido atingida. O anúncio fez com que uma série de influenciadores que até então não haviam se posicionado o fizessem.

Aparentemente o poder de contra-ataque bolsonarista no Twitter diminuiu. Será por conta da "limpeza" feita pela rede na última semana, varrendo contas falsas, ou a estratégia dos bolsonaristas foi justamente não falar absolutamente nada para não gerar mais engajamento?

Sim, ontem foi maior, mais diverso e mais bem coberto pela mídia tradicional. Haverá novos atos? E para onde irão? É possível lograr que esses protestos empurrem a CPI e façam chegar o impeachment de Bolsonaro? Ou as manifestações servirão para gerar um caldo propício para a derrota do presidente nas eleições de 2022?

Difícil dizer. O cenário político não parece nada propenso a saídas institucionais. E, olhando para "os vizinhos", é preciso lembrar que mudanças eleitorais nos Estados Unidos, no Chile e na Bolívia foram precedidas de grandes protestos de rua. As conexões entre ruas, redes sociais e mudanças eleitorais são uma dinâmica importante dos últimos anos em todas as partes. Elas se retroalimentam.

Por outro lado, a urgência de defender a vida não parece permitir a espera das próximas eleições. Aguardar pacificamente um ano e meio por uma eleição ainda muito incerta no seu resultado, por ora, não é uma escolha razoável.

Um cenário em que o governo Bolsonaro passe a priorizar saúde e vida digna para todos não passa de uma miragem. E, se o fizer, será puramente de forma eleitoreira. Diante da emergência humanitária em que nos encontramos, as ruas sinalizam que o "Fora Bolsonaro" visa 2021, e não há calendário eleitoral que acomode essa urgência. A defesa da vida é para ontem.

# AGOSTO DE 2021

*Antes um defensor do voto eletrônico quando o país adotava o voto impresso, "surpreendentemente", Bolsonaro tornou-se um defensor do voto impresso quando o país adotou o voto eletrônico. Em ambos os casos, o que importava, para ele, era sempre a mesma coisa: fazer barulho e levar adiante a sua performance antissistema – com a diferença de que, agora, a reboque de sua "malandragem", caminhava todo o aparato institucional do país, incluídas as Forças Armadas.*

# DEMANDA POR VOTO IMPRESSO REVELA A FRAUDE DE BOLSONARO COMO PRESIDENTE

## AS MOTOCIATAS E MANIFESTAÇÕES DE APOIO AO PRESIDENTE REMETEM AO SENTIDO PRIMITIVO DE IDOLATRIA AO CHEFE DA TRIBO

**Por: Warley Alves**

"Ato de má fé que tem por objetivo fraudar ou ludibriar alguém", "mentira ardilosa", "logro", "ação ilícita, desonesta". Essas são algumas definições encontradas em diferentes dicionários para a palavra "fraude", que o presidente Jair Bolsonaro insiste em associar ao processo eleitoral via urnas eletrônicas. Visto que nunca foram comprovadas quaisquer irregularidades eleitorais desde que o voto eletrônico foi adotado, tais definições parecem se encaixar melhor nas condutas do próprio presidente, quem, desde que assumiu a cadeira, mente todos os dias para a população.

Foi-se o tempo de se ter paciência com Bolsonaro. Na altura do campeonato, seu comportamento nocivo pode ser encaixado em apenas duas classificações: ou é uma questão patológica de mitomania ou caso de má-fé. Eu apostaria na segunda, embora não descarte uma considerável dose da primeira. Já conheci mitomaníacos e embora eles mentissem sem qualquer compromisso com a razoabilidade — ou mesmo com as leis da física —, não posso dizer que eram perversos. Tal parece ser o caso do presidente.

Dizer que Bolsonaro é perverso parece uma redundância depois de suas reiteradas falas acerca da pandemia de covid-19, nas quais o presidente demonstrou uma falta de empatia "digna" das maiores autoridades em extermínio da História, como Adolf Hitler e François

Duvalier — mais conhecido como Papa Doc, ditador do Haiti entre 1957 e 1971 —, mas no caso presente quero ressaltar um elemento, menos óbvio, dessa perversidade: sua relação com o narcisismo.

Freud, em seu texto *Introdução ao narcisismo*, publicado em 1914[29], associava a perversão ao narcisismo, como resultado de um desenvolvimento libidinal perturbado, já na primeira infância. Vou poupar o leitor da imaginação de prováveis complexos sexuais do presidente, dos quais nada sabemos, mas a questão narcísica é evidente: Bolsonaro quer um país à sua imagem e semelhança, pois não sabe ver outra coisa a não ser si mesmo. Mesmo seus filhos, no imaginário perturbado do presidente, não parecem ser outra coisa a não ser a continuação de sua pessoa.

O narcisismo de Bolsonaro é o motor que moveu as manifestações a favor do voto impresso "auditável" no último domingo. Mais uma vez, sem qualquer compromisso com a responsabilidade exigida por seu cargo, o presidente, ao invés de reforçar a democracia, colocou-a em xeque, pondo em dúvida a realização das eleições. O que fundamenta esse discurso é a não aceitação de submissão de Bolsonaro às instituições às quais ele deveria servir, pois, em uma República democrática, o presidente está sujeito às leis e instituições, e não o contrário. Mas ele nunca se importou muito com isso, pois tudo que vê é sua imagem no espelho. Para Bolsonaro não existe país se este não serve a sua vontade.

As motociatas e as manifestações de apoio ao presidente podem ser interpretadas de muitas maneiras, mas elas sempre vão retornar a um sentido primordial — e primitivo — de idolatria ao chefe da tribo. Isso do lado de quem vai a estes festivais bizarros. Do ponto de vista do presidente, essa idolatria é a celebração de si mesmo, de seu poder. Não há nada de patriotismo ali, e arrisco dizer que mesmo os apoiadores de Bolsonaro são vistos pelo presidente como meras ramificações de sua vontade. Para Bolsonaro, tudo se resume a ele. O que está fora disso —

29 FREUD, S. Sobre o narcisismo: uma introdução. Edição standard brasileira das obras psicológicas completas de Sigmund Freud, v. 14, p. 85-119, 1914.

os "vermelhos", os homossexuais, os "inimigos", as mulheres — deve ser submetido ao seu desejo ou eliminados. Se existe Brasil para Bolsonaro, este nada mais pode ser que seu espelho.

Mas há um outro ponto a ser evidenciado quando se trata da insistência do presidente pelo voto impresso: para Bolsonaro, sua implantação é menos importante que o potencial devastador de sua demanda. Ele sabe que há poucas chances desse projeto ser aprovado pelo Legislativo, mas seu objetivo com isso é o mesmo da maioria de suas ações e falas: causar o caos. Animal acuado é animal perigoso e a cobra prepara seu bote, cheia de veneno.

Ao acusar o sistema de fraudulento, Bolsonaro não revela nada mais que sua própria atuação como presidente, conduzida sob má-fé e caracterizada pelo logro. Após quatro anos em campanha, o capitão reformado é um sucesso como candidato, mas uma fraude como presidente.

# SETEMBRO DE 2021

*Um dos campos mais decisivos para a compreensão do projeto golpista do bolsonarismo era o dos policiais e agentes da segurança pública, ambos fortemente imersos na máquina de desinformação bolsonarista, que atuava diariamente no WhatsApp e nas igrejas atiçando o medo contra fantasmas associados à esquerda. Segundo especialistas, tudo isso resultava de um processo bem anterior, gestado dentro do âmbito militar.*

# MILITARIZAÇÃO E NEGAÇÃO DA POLÍTICA EMPURRAM POLÍCIAS PARA O BOLSONARISMO

## O QUE LEVOU A IDEOLOGIA BOLSONARISTA A SE TORNAR TÃO PRESENTE ENTRE AS FORÇAS DE SEGURANÇA DO PAÍS?

**Por: Raul Galhardi e Vinícius Vieira**

Nas últimas semanas, havia uma expectativa de que policiais, principalmente membros da ativa das Polícias Militares, pudessem participar ativamente das manifestações a favor do presidente Jair Bolsonaro no dia 7 de setembro. Existia até o receio de que policiais militares se negassem a reprimir manifestações violentas e ainda aderissem a elas, o que gerou insegurança em governadores de vários estados em relação à possibilidade de episódios de insubordinação e motins.

No entanto, não foi isso que ocorreu no dia da Independência do Brasil. Se pesquisas recentes indicam haver apoio expressivo a Bolsonaro nas PMs, na prática, por enquanto, isso não resultou em episódios de insubordinação das tropas a favor do presidente. Essa ausência de adesão explícita dos policiais nas manifestações e de incidentes violentos tranquilizaram governadores e boa parte da população, que temiam uma escalada da violência e a quebra da ordem institucional.

Ainda assim, a questão do bolsonarismo entre as polícias permanece e a pergunta que fica é: o que levou essa ideologia a se tornar tão presente entre as forças de segurança do país? Para respondê-la, é imprescindível falar sobre a militarização da segurança pública.

É fato que o governo Bolsonaro tem na militarização uma das principais âncoras do seu discurso, reforçada pelo fato de sua gestão ter alocado milhares de militares na máquina pública federal.

"Sempre houve uma identificação de eleitores policiais militares com candidatos que têm uma pauta mais endurecida de combate na segurança pública, que defendem a eliminação do inimigo e condecorações a policiais que matam, ou seja, uma visão mais militarizada. Na minha percepção, isso ganhou amplitude com a eleição do Bolsonaro porque ele sempre defendeu esse discurso e agora, pela posição que ocupa, a sua voz é amplificada", afirma o tenente-coronel da reserva da PM paulista Adilson Paes de Souza, mestre em Direitos Humanos e doutor em Psicologia.

Segundo Souza, na visão da maioria dos policiais militares, Bolsonaro seria a encarnação da "autoridade em pessoa", e para eles, sendo uma autoridade, o presidente poderia falar e fazer o que quer sem consequências em nome da segurança pública. "Há um mecanismo de projeção. Os policiais se projetam no Bolsonaro, querem ser ele e se reconhecem nele".

## A NEGAÇÃO DA POLÍTICA

Outro fator de extrema importância ligado à militarização da segurança que explica a inserção do bolsonarismo nas tropas é a despolitização das PMs, fruto do seu caráter militar, que inibe a livre manifestação de membros da corporação, principalmente da ativa.

"A militarização da segurança pública retira do policial a sua condição de trabalhador e os direitos decorrentes dela. Ele não possui direito de sindicalização, de fazer greve, de livre manifestação de pensamento. Nesse debate sobre a participação política de policiais, infelizmente nosso campo da esquerda tem se inclinado a uma ideia da qual discordamos, que é a de que a política tem que ser afastada das polícias por elas serem 'órgãos técnicos'", defende Orlando Zaccone, delegado da Polícia Civil do Rio de Janeiro e membro do movimento Policiais Antifascismo.

De acordo com Zaccone, o que ocorreu em São Paulo com o afastamento do comandante da PM Aleksander Lacerda pelo governador João Doria (PSDB) foi um ato absolutamente natural, fruto da administração pública. "Ninguém quer assumir que fez uma intervenção política, mas qual o problema de se fazer isso? É preciso compreender definitivamente que a escolha de um secretário de segurança, de um comandante da PM, são escolhas políticas. É natural que o governador indique para cargos de confiança pessoas politicamente alinhadas a ele. Infelizmente, quem veio com essa história de que a polícia é um 'órgão técnico' foi o campo da esquerda, que tem errado muito na área de segurança pública".

Para o delegado, a segurança pública é uma área de prestação de serviços com profissionais que devem ser qualificados enquanto trabalhadores para serem reconhecidos como tais. "Se os policiais se reconhecem enquanto trabalhadores, eles podem participar da luta dos demais trabalhadores e serem reconhecidos por eles como iguais, acabando com esse conflito fictício entre esses dois grupos", justifica.

Em 2017, o STF (Supremo Tribunal Federal) decidiu que servidores que atuam diretamente na área de segurança pública não podem entrar em greve porque desempenham atividade essencial à manutenção da ordem pública, estendendo a ausência do direito de greve também às polícias civis. "Tudo isso sob aplausos de setores da esquerda, o que gera paradoxos, porque queremos a desmilitarização, mas igualamos os policiais civis aos militares, tirando deles o direito de greve", alerta o delegado.

Para Zaccone, essa busca por uma polícia técnica idealizada acaba tendo um efeito reverso, servindo para jogá-la no "submundo" da política e a aproximando, por exemplo, de milícias. "É impossível afastar a política das polícias e esse 'submundo' é muito mais perigoso do que a participação institucional de policiais que se manifestam dentro de uma ordem constitucional, respeitando os limites do direito de manifestação", argumenta.

## CADEIA DE COMANDO

A própria existência da PM como força de segurança que possui o papel de força auxiliar do Exército foi construída por meio da política e do lobby do Exército na Assembleia Nacional Constituinte, que deu origem à Constituição de 1988. "Ela existe nos moldes atuais pelo interesse do Exército em ter o controle total de mobilização do território brasileiro, sem a necessidade de movimentar o Comando Militar do Leste, por exemplo. As polícias já estão nos estados prontas para agir rapidamente inclusive, em determinadas situações, contra o próprio governador", explica.

De acordo com o antropólogo, cientista político e ex-secretário nacional de Segurança Pública Luiz Eduardo Soares em seu livro Desmilitarizar, "a legislação que rege as polícias militares no país (Constituição Federal; Decreto 88.777/83; Decreto-lei 667/69, modificado pelo Decreto-lei 1.406/75; e Decreto-lei 2010/83) determina que o Exército é responsável pelo 'controle e pela coordenação' das polícias militares, enquanto as secretarias de Segurança dos estados têm autoridade sobre sua 'orientação e planejamento'".

Essa situação resulta, na prática, em um paradoxo que faz com que os comandantes gerais das PMs se reportem a "dois senhores". Todas as polícias militares estão vinculadas, portanto, a duas cadeias de comando: uma delas ligada ao secretário de Segurança e ao governador; e a outra ao comandante do Exército, ao ministro da Defesa e ao presidente da República.

O tenente-coronel Adilson Paes de Souza concorda com a ideia de permitir a manifestação política por parte de policiais militares da ativa e reserva, assim como de agentes das polícias civis e federal. "São cidadãos, votam, têm expectativas políticas com os candidatos que escolheram e devem ter o direito de criticá-los e de apontar falhas dos governos e caminhos de acordo com as suas percepções. Tudo isso dentro dos limites estipulados pela Constituição, o que não inclui a defesa de ruptura democrática e ataque às instituições".

Ele lembra que os praças das polícias militares apenas adquiriram direito ao voto na Constituição de 88 e que é justamente o processo de militarização, fenômeno que se intensificou na ditadura militar, especialmente a partir de 1969, com o Decreto-lei 667/69, que colocou o controle e a coordenação das PMs sob o comando do Exército, o principal responsável pela falta de liberdade de expressão das polícias.

"Hoje temos uma PM a serviço de um poder militar que historicamente só serviu ao poder econômico, infelizmente. Isso só interessa aos próprios militares, que ainda temem o fantasma da 'Intentona Comunista'", afirma Zaccone.

O que, portanto, deveria ser feito em relação às polícias? O delegado responde: "Ao invés desse discurso ingênuo que esconde a total politização dos militares e policiais, defendemos disputar as ideias entre eles. Dizer que essa participação política não pode existir é manter essa tradição que faz com que militares e policiais entrem na política por um caminho 'subterrâneo'. Isso é o perigoso".

# DEZEMBRO DE 2021

*Quando o negacionismo e a campanha antivacina pareciam insuperáveis, o bolsonarismo, como é de sua natureza, foi além: era a vez de boicotar a vacinação infantil, que já tomava corpo em diferentes países e que, no Brasil, era especialmente urgente em razão das milhares de crianças acometidas pela doença. Como consequência, a desconfiança na vacinação infantil, antes uma sólida instituição nacional, reverbera até os dias de hoje para outras doenças do calendário de crianças e adolescentes.*

# CRIANÇAS BRASILEIRAS SÃO AS NOVAS VÍTIMAS DO BOLSONARISMO

## NO EMBATE DO BOLSONARISMO CONTRA A ANVISA, UM TEMPO PRECIOSO E, CONSEQUENTEMENTE, AS VIDAS DAS CRIANÇAS BRASILEIRAS ESTÃO SE PERDENDO

**Por: Cesar Calejon**

Ao longo dos últimos três anos, a população brasileira foi confrontada com todos os tipos de atitudes absurdas por parte do governo Bolsonaro. Desde março de 2020, contudo, o bolsonarismo passou a mostrar a sua face mais nefasta.

Aliado ao coronavírus, o bolsonarismo negou a ciência, estimulou o ódio contra os profissionais que lutaram contra a doença e produziu um verdadeiro caos em todas as searas da vida social do país. A interseção entre o atual governo federal e a pandemia produziu uma espécie de tempestade perfeita, conforme ressaltado em outros artigos publicados na coluna Entendendo Bolsonaro, com mais de 618 mil vítimas fatais até esse ponto.

A despeito de toda essa catástrofe, nenhuma outra medida poderia ser mais cruel e sintomática, considerando a verdadeira natureza do bolsonarismo, do que a oposição exercida contra a vacinação infantil ao longo dos últimos dias.

Ao se negar a conduzir a imunização infantil imediatamente, a exemplo do que vem sendo feito em diversos países ao redor do mundo, o governo Bolsonaro transforma as crianças brasileiras nas suas mais recentes vítimas e demonstra não possuir limites para as suas insanidades na direção de fidelizar a parcela, cada vez mais reduzida e fanática, da população que ainda o apoia.

Expor crianças ao risco de morte por conta de cálculos políticos é de uma perversidade pouquíssimas vezes registrada, mesmo entre os regimes e governos mais despóticos e distópicos da história.

No embate criado pelo bolsonarismo contra a Anvisa, um tempo precioso e, consequentemente, as vidas das crianças brasileiras estão se perdendo. Além disso, em meio à ascensão de uma nova variante que é extremamente contagiosa, a imunização deficitária também compromete toda a população brasileira de forma mais ampla.

Infelizmente, o bolsonarismo conseguiu criar dúvidas de todas as ordens, o que levou à judicialização de um tema sobre o qual as autoridades médicas e sanitárias não têm dúvidas: as crianças de 5 a 11 anos devem ser vacinadas. Com o prazo fixado pelo STF, o governo deve anunciar uma posição a respeito apenas a partir de 5 de janeiro. Ou seja, mais de duas semanas perdidas por uma dimensão meramente política, assim como aconteceu no início da pandemia, em março de 2020.

Historicamente, quando existem competências concorrentes entre a União e os entes federativos, o STF esteve inclinado a manter a centralização na autoridade federal em detrimento dos poderes locais e tem sido centralizador e uniformizador da atividade legiferante nacional. Assim, os conflitos de competência são tipicamente decididos contra o poder local, segundo especialistas em direito constitucional consultados por essa coluna.

Ou seja, a centralização (planejamento e coordenação central) é percebida como algo positivo ou de necessidade prática em muitos casos quando existem divergências sobre determinadas atribuições.

Durante a pandemia, contudo, o STF deliberou por um nível maior de autonomia estadual, considerando as respostas elaboradas contra a covid-19. Fundamentalmente, porque o governo federal não apresentou qualquer planejamento estruturado para lidar com a crise no âmbito nacional. A Corte entendeu que centralizar as atenções em uma administração inepta seria inviável e agravaria ainda mais o cenário brasileiro.

A Carta Magna do Brasil (1988) determina quem tem poder para fazer o que e quando. Contudo, esse desenho não é muito claro e oferece margens para interpretações. Existem competências materiais (executar tarefas) e legislativas (legislar sobre casos) que muitas vezes ficam sobrepostas a cargo da União, dos estados e municípios.

O STF, por ser o tribunal constitucional, acaba sendo a última instância considerando a disputa desses conflitos sobre o que significam essas normas constitucionais com relação às competências. O que a literatura científica vem comprovando é que, na maior parte dos casos, existe uma inclinação maior do STF em direção a dar mais prerrogativas e poderes à União quando existem conflitos de competências.

Na pandemia, dada a ausência de planejamento e da articulação da autoridade central no sentido de estabelecer um plano claro de combate à doença em todos os estados e municípios, o STF vem tentando neutralizar a interferência do bolsonarismo, que nesse caso contraria, reiteradamente, a ciência e cria todos os tipos de problemas. Ainda assim, nesse caso, caberá ao Ministério da Saúde, ainda que contra a sua vontade, anunciar à sociedade uma decisão final sobre a vacinação infantil.

Com todas as mortes, crises e destruição que foi produzida até aqui, ao que tudo indica, o bolsonarismo segue engajado no seu projeto genocida. O agravante inacreditável, nesse momento, é que os novos alvos do governo Bolsonaro são as crianças brasileiras.

# DEZEMBRO DE 2021

*No fim de 2021, Bolsonaro finalmente cumprira seu plano de indicar um ministro "terrivelmente evangélico" para o Supremo Tribunal Federal. Longe de representar uma exceção, o episódio somente levava ao extremo certas tendências há muito presentes na dinâmica institucional do Brasil, um Estado supostamente laico.*

# MUITO ANTES DE MENDONÇA, O ESTADO BRASILEIRO JÁ NÃO ERA LAICO

## LONGE DE SER A CAUSA, ANDRÉ MENDONÇA É SINTOMA DA DEGRADAÇÃO DO UTÓPICO PROJETO DE LAICIDADE NO BRASIL

**Por: Salomão Ximenes e Sonia Corrêa**

A posse de André Mendonça na cadeira deixada por Marco Aurélio no STF é um acerto de contas há tempos contratado com a bancada evangélica no Congresso Nacional. "É um passo para um homem, mas na história dos evangélicos do Brasil é um salto", teria dito Mendonça logo após a aprovação de seu nome no Senado, parafraseando o astronauta Neil Armstrong e sua mítica frase ao pisar na Lua em 1969. A metáfora é perfeita: um passo desses não se dá por acaso. Requer quebrar resistências, anos e anos de dedicação e investimentos. Uma vez alcançado, muda a história.

Enquanto o novo ministro sintetizava com perfeição a vitória evangélica no campo dos embates políticos e religiosos que marcam a política brasileira no presente, comentaristas na mídia e nas redes sociais se perdiam entre lamentar mais uma vitória de um decrépito governo Bolsonaro e o ataque ao Estado laico que a nomeação representa: um sinal dos tempos, a "terrível" ocupação evangélica do STF.

Mendonça, o homem a dar o passo, é circunstância do bolsonarismo, já o pleito evangélico por uma cadeira no STF, não. Lamentamos constatar: Bolsonaro, Mendonça e bancada evangélica são consequência da degradação contínua de um projeto nunca plenamente alcançado de laicidade no Brasil, não sua causa.

A história é longa e tortuosa, mas comporta um momento decisivo em tempos recentes, uma inflexão cujas consequências agora se agravam. Em 13 de novembro de 2008, no ápice da aprovação de seu governo, o ex-presidente Lula (PT) foi à Cidade do Vaticano cumprir uma promessa. Com o papa Bento XVI, assinou um amplíssimo tratado internacional entre o Brasil e a Santa Sé, o Acordo relativo ao Estatuto Jurídico da Igreja Católica no Brasil, ou, no linguajar católico, a Concordata Brasil-Santa Sé.

A Concordata é um tratado atípico, assegura direitos especiais de uma parte, a Igreja Católica, no território brasileiro, e praticamente nenhum direito do Brasil ou dos brasileiros em qualquer outro lugar. Os 20 artigos do tratado solidificam privilégios à Igreja, como imunidades tributárias, proteção do patrimônio religioso, efeitos especiais do casamento, imunidade quanto às leis trabalhistas, destinação de espaços a templos católicos nos planos diretores, garantia de sigilo da confissão etc. A questão que provocou mais controvérsias foi, contudo, o Artigo 11, que, além de estipular a concepção católica de "educação integral", prevê a oferta de "ensino religioso católico e de outras confissões religiosas" nas escolas públicas. Na longa trajetória de consolidação precária dos valores laicos, no Brasil, a Concordata constituiu uma inflexão rumo a uma degradação agravada da laicidade no plano jurídico-formal.

Como viriam a revelar telegramas diplomáticos divulgados pelo WikiLeaks, a Concordata de 2010 foi articulada como uma estratégia de aceno à hierarquia católica no Brasil, enciumada com a crescente influência dos setores evangélicos sobre o governo e o parlamento. Segundo as mensagens, Lula esperava assim equilibrar o jogo de interesses religiosos, ironicamente, favorecendo o setor hegemônico em franco descenso. Mordida a isca papal, contudo, o Estado brasileiro seria definitivamente tomado pelo turbilhão do conflito decorrente da rápida transição religiosa que o país atravessava.

A maior resistência institucional à Concordata, como era de se esperar, veio justamente da bancada evangélica no Congresso Nacional. Foi o pastor evangélico e deputado Pedro Ribeiro (PMDB-CE) quem obteve e divulgou parecer do Ministério da Educação (MEC) contrário à previsão de ensino religioso no acordo assinado por Lula, explorando assim as divergências ocorridas dentro do próprio governo. Em oposição ao dispositivo sobre ensino religioso e à ratificação da Concordata no Congresso também atuaram entidades da sociedade civil, do campo educacional e de direitos humanos. A rejeição ou a modificação de qualquer artigo do texto, no entanto, implicaria necessariamente a retirada do projeto do Legislativo, levando a uma nova negociação do mesmo com a Santa Sé.

Esta oposição evangélica na Câmara dos Deputados seria superada com a proposta de um acordo inter-religioso. A Concordata seria aprovada em conjunto com a chamada "Lei Geral das Religiões" (PL nº 5.598/09), na prática uma cópia da Concordata que estenderia os privilégios da Igreja Católica a outras religiões. Articulada por Eduardo Cunha (PMDB-RJ), a "Lei Geral" encalharia no Senado após a aprovação da Concordata, gerando ressentimentos e promissórias políticas em favor dos evangélicos no Congresso.

No aspecto jurídico-formal, a aprovação da Concordata com o Vaticano é capítulo decisivo na trajetória de erosão da laicidade do Estado brasileiro. Como sublinhou Luiz Antônio Cunha, desde sua assinatura, o Brasil é um "Estado concordatário" que estabelece relações privilegiadas com uma confissão religiosa, ou seja, deixou de existir enquanto Estado laico. Já no plano da dinâmica política, o documento assenta um pleito permanente por "justiça religiosa" mobilizado pelos representantes evangélicos no Congresso Nacional. Ao aderir a Bolsonaro na eleição de 2018, a Frente Parlamentar Evangélica decidiu, estrategicamente, diluir os pleitos originais do projeto de "Lei Geral das Religiões" em uma série de reivindicações públicas.

Esse pleito por justiça religiosa explica o vigor com que o time de evangélicos entrou em campo na defesa de seu nome para o STF. Nem o estado de semiabandono a Mendonça por Bolsonaro, nem a costura de alternativas à luz do dia, nem a fritura a fogo lento por Davi Alcolumbre, presidente da CCJ do Senado e responsável pela sabatina; fizeram recuar a bancada evangélica. Instalada a confusão entre laicidade e representatividade religiosa, o argumento brandido foi que o STF se tornaria mais plural ao acolher um evangélico ao lado de judeus e, claro, sem abrir mão da maioria católica.

Em 2017, o STF teve em suas mãos a oportunidade de julgar a constitucionalidade de um dos conteúdos da Concordata Brasil-Santa Sé, o capítulo que dispõe sobre a oferta de ensino confessional católico e de outras confissões na escola pública (Ação Direta de Inconstitucionalidade n. 4439). Na ocasião, contrariando a interpretação da maioria das confissões religiosas, inclusive do campo cristão, e das entidades ouvidas em Audiência Pública, o Tribunal aderiu integralmente ao pleito católico, expresso na atuação da Conferência Nacional dos Bispos do Brasil (CNBB).

Mesmo antes da era Bolsonaro, o STF concluiu que estudantes e seus familiares têm um "direito subjetivo ao ensino religioso como disciplina dos horários normais das escolas públicas de ensino fundamental, ministrada de acordo com os princípios de sua confissão religiosa e baseada nos dogmas da fé, inconfundível com outros ramos do conhecimento científico, como história, filosofia ou ciência das religiões", conforme decisão redigida por Alexandre de Moraes, ministro que havia sido indicado ao Supremo por Michel Temer (PMDB).

Para o ministro Edson Fachin, indicado por Dilma Rousseff (PT), existe no direito à liberdade religiosa uma dimensão pública que, seguindo esta lógica, obrigaria o Estado a patrocinar manifestações religiosas. Já para Dias Toffoli, indicado por Lula (PT), "o modelo de secularismo adotado no Brasil (...) inclui também, por disposição constitucional expressa, uma conduta positiva por parte das autoridades públicas para garantir a liberdade religiosa. Neste contexto, afirmou que a oferta de instrução religiosa nas escolas públicas constitui uma ação positiva do Estado e demonstra a relevância que a CF conferiu à educação e à instrução religiosa na formação do indivíduo".A esses três somaram-se Gilmar Mendes, Ricardo Lewandowski e Cármen Lúcia para assegurar a maioria de seis votos de ministros declaradamente católicos em favor da Igreja Católica.

Em 2021, lendo retrospectivamente esses votos, é difícil imaginar exatamente que contribuição adicional à degradação do Estado laico poderia ter dado Mendonça, caso hipoteticamente tivesse participado deste julgamento.

Na sabatina com os senadores e as senadoras, antes de poder dar passo decisivo tão ansiado pelos evangélicos, Mendonça jurou defender um Estado laico que já não existe no Brasil, nem sequer no papel. Em breve, contudo, o STF julgará casos sobre matérias que são objeto de dogma no campo cristão neoconservador e aí então poderemos verificar a consistência do compromisso do novo ministro com a separação Estado e religião.

A chegada de Mendonça à Corte é, ao nosso ver, um capítulo a mais na longa história brasileira de impulsos laicos logo seguidos de retrocessos. Hoje é flagrante que o Estado, os três poderes, estão mergulhados indevidamente no jogo da disputa por hegemonia no campo religioso. Reconhecer em Mendonça um passo adicional nesta degradação é tão importante quanto assumir as devidas responsabilidades na reconstrução de uma esfera pública comum.

# JANEIRO DE 2022

*O ano final do bolsonarismo no poder havia começado com uma notícia impactante no meio político, o falecimento do ideólogo Olavo de Carvalho, figura de trajetória pessoal bastante exótica, traço que levou Benjamin Teitelbaum, pesquisador que conheceu de perto a figura, a destacar o caráter "trágico" de seu legado.*

# OLAVO DEIXA, ANTES DE TUDO, UM LEGADO TRÁGICO

## HÁ UMA DIMENSÃO TRÁGICA, NO SENTIDO DE POTENCIAL DESPERDIÇADO, NA TRAJETÓRIA DO GURU DA EXTREMA DIREITA

**Por: Benjamin R. Teitelbaum**

Se ouvimos o nome do falecido Olavo de Carvalho, imagino que, no Brasil, a maioria das pessoas pensaria, imediatamente, em sua ligação com o bolsonarismo. Já outros podem se lembrar do Olavo influenciador digital, com sua retórica inflamada e grosseira. Talvez alguns recordem, ainda, de seus interesses excêntricos pela astrologia, alquimia, esoterismo ou até o islamismo.

No meu livro *Guerra pela Eternidade*[30], eu argumento que todas essas facetas aparentemente aleatórias de sua identidade estão, na verdade, conectadas entre si. Quando falamos de Olavo de Carvalho, sua admiração por Jair Bolsonaro tal qual seu fascínio pelo ocultismo foram, todos, parte de uma rejeição multifacetada de tudo o que, no mundo moderno, costumamos chamar de progresso.

Essa foi uma tese que desenvolvi com base, em parte, nas entrevistas que tive a oportunidade de fazer com Olavo e, também, a partir de visitas e observações dele em sua casa, bem como em encontros que ele manteve com o ex-assessor de Donald Trump Steve Bannon. Como Olavo não gostou do que escrevi a seu respeito, entre 2020 e 2021, ele acabou gastando uma quantidade surpreendente de energia nas mídias sociais atacando a mim e ao livro. Sou um dos muitos, embora talvez um dos últimos, a ter sido alvo de suas polêmicas.

30 Editora da Unicamp, 2020.

Mas, ainda assim, ao ponderar o seu legado enquanto pessoa pública, me vejo pensando não apenas na sua faceta ofensiva ou destrutiva, mas também trágica — trágica no sentido de que vejo um potencial desperdiçado. Deixe-me explicar: imagine se alguém comentasse com você, sem maiores detalhes, a respeito de um intelectual renegado, uma figura que, em grande medida, foi um autodidata e com referências ideológicas ecléticas que iam desde teólogos cristãos a ocultistas do século XX.

Imagine, ainda, que, em sua trajetória, essa figura esteve comprometida, ostensivamente, em fiscalizar quem estava no poder; alguém que, ao longo de sua vida, foi ridicularizado pela mídia e academia, mas que, no entanto, sobreviveu graças a uma escrita afiada e a uma comunidade de seguidores implacável.

Essa pessoa teria, ainda, fundado sua própria escola de pensamento e contornado a crítica jornalística ao expandir seus próprios veículos de mídia. Imagine, por fim, que essa figura alcançou proeminência política no final de sua vida, não como político ou empresário, mas identificando-se como filósofo.

Se eu tivesse ouvido falar de alguém assim, teria ficado curioso e instigado. Tenho um gosto particular por outsiders ou, digamos, por personagens que não se encaixam num roteiro tradicional. Gosto de pessoas cujas origens e interesses são tão estranhas que são quase ininteligíveis para a maioria. Suponho que seja uma afinidade estética da minha parte. Eu acho que pessoas assim são interessantes.

Mas eu também as valorizo porque pessoas assim têm uma tendência de enxergar coisas que outros não enxergam. Já rejeitadas por intelectuais e pelos chamados gatekeepers — responsáveis pelo "controle de qualidade" do debate público —, essas pessoas têm pouco a ganhar aderindo a consensos. Elas não apenas analisam o mundo através de uma lente incomum, mas podem ser honestas ao descreverem o que estão vendo.

Para mim, os detalhes de suas opiniões políticas costumam ser secundários. O que mais valorizo nelas é a sua atitude. E me pego aplaudindo quando, contra tudo e contra todos, elas conseguem forjar uma plataforma para si mesmas. Quando fazem isso, elas parecem estar excepcionalmente bem posicionadas para falar a verdade. Com a exceção de Olavo de Carvalho, já que, no seu caso, nada disso aconteceu.

Sim, ele criticou a farra das elites e denunciou a corrupção. Mas discordo de seus seguidores se eles acham que esse é o seu legado distintivo como figura pública. Deixando de lado sua vida privada como pai e marido, me parece que a assinatura deixada em público por Olavo está na maneira como ele usou da sua popularidade excepcional para fins que eram, lamentavelmente, privados, e não revolucionários: ego e poder.

Sejam quais fossem os alvos do momento, Olavo os achincalhou, intimidou e ameaçou. Ele diminuiu pessoas com a mesma frequência com que desafiou os de cima. Ele ridicularizou e esculachou tanto quanto criticou. Ele se enriqueceu. Tudo isso enquanto irradiava desinformação em uma escala que poucos fora do Brasil poderiam estimar.

De fato, para quem não conheceu de perto a figura, a inabilidade para compreendê-la é reveladora. Aqui nos Estados Unidos, Olavo tem recebido muito mais cobertura após a sua morte do que em vida, mas todos os obituários sofrem para capturar a natureza tão peculiar de sua personalidade e influência.

Não há por aqui uma figura comparável a Olavo. Ao buscarem uma referência, muitos têm o associado a apresentadores de rádio barulhentos da mídia conservadora, a intelectuais iconoclastas que combatem o identitarismo e, claro, também a poderosos assessores de presidentes americanos — como foi o caso de Steve Bannon. Traçar essas comparações é definir Olavo como jornalista, autor ou agente político.

No entanto, quando reflito sobre Olavo e seu papel como um intelectual público de oposição, sou levado a compará-lo a um americano chamado Andrew Breitbart — homônimo do veículo de comunicação de direita Breitbart.

Como no caso de Olavo, os posicionamentos políticos de Breitbart nunca estiveram alinhados com os meus, mas, ainda assim, eu era capaz de ver um propósito em sua agenda contra as elites políticas e culturais. Tal como aconteceu com Olavo, no entanto, essa agenda sucumbiu a outra, de autorreferência, vulgaridade e desprezo por pessoas que pensavam e viviam de forma diferente.

Essa foi a contribuição de Breitbart para o discurso político e, embora possamos — e muitos o farão — comentar sobre os danos tangíveis causados por essas figuras, eu fico, também, atiçado por um certo vazio misterioso que eles deixam para trás.

Para finalizar, deixo uma passagem de um dos obituários de Andrew Breitbart que bem poderia descrever Olavo: "O que será lembrada é a entusiasmada coleção de pixels que ele deixa para trás, aquelas imagens de um homem corpulento com cabelos grisalhos e uma boca rosnenta, dizendo palavras de baixo calão a alguém".

# ABRIL DE 2022

*Em sua estratégia discursiva, o bolsonarismo exibia sua relação particular com uma palavra do nosso léxico político: a "liberdade". A essa altura, estudos apontavam os seus usos pelo bolsonarismo digital, em geral associados a desgastar ou perverter os seus significados.*

# LIBERDADE É UMA PALAVRA SURRADA E VAZIA PARA O BOLSONARISMO

## DISPUTA PELOS SIGNIFICADOS DA PALAVRA SERÁ CENTRAL NAS ELEIÇÕES DE 2022

**Por: Thatiane Moreira**

O tema da liberdade faz parte do debate político e não é de hoje. Mas ele tem sido utilizado cada dia mais e com um sentido que parece totalmente contraditório. Jair Messias Bolsonaro afirmou que "a liberdade é mais importante do que a vida", bolsonaristas afirmaram que as ações do Supremo Tribunal Federal contra o deputado Daniel Silveira (PTB-RJ) são uma "afronta à liberdade", e outros tantos setores têm mantido lado a lado a defesa da "liberdade" com uma apologia à ditadura militar.

Nesse sentido, episódios da última semana ilustram bem como esse tema tem sido acionado no discurso bolsonarista. Como já foi exaustivamente noticiado, Silveira é réu no Supremo por ameaçar instituições e promover atos antidemocráticos. Ele divulgou um vídeo no qual ameaçava ministros da Corte, chegou a ser preso, mas foi liberado em novembro de 2021.

No último dia 25, o ministro Alexandre de Moraes determinou que o deputado passasse a usar tornozeleira eletrônica, por contrariar decisão judicial e participar de atos políticos. Frente à decisão de Moraes, Silveira se alojou na Câmara dos Deputados, recusando-se a colocar a tornozeleira eletrônica.

No dia 27, o Tribunal Superior Eleitoral (TSE), na figura do ministro Raul Araújo, atendeu ao pedido do Partido Liberal (PL), atual partido do presidente brasileiro, para que fossem proibidas manifestações políticas pelos artistas durante o Lollapalooza. Segundo o partido, teria havido propaganda eleitoral antecipada por parte de alguns artistas durante o festival, o que seria proibido segundo a Lei Eleitoral brasileira.

A posição do TSE gerou um intenso debate dentro e fora dos meios jurídicos. De um lado aqueles que apoiaram a decisão, do outro aqueles que a criticaram por violar o direito constitucional à liberdade de expressão e por não ter sido tomada a mesma medida no caso de manifestações de apoio a Jair Bolsonaro (PL).

Em discurso no dia 31 de março, o presidente brasileiro elogiou mandatários da ditadura militar, sem fazer menção à censura e às torturas que vigoravam no período. Nas redes sociais, os apoiadores de Bolsonaro, de modo geral, concordaram com a decisão do TSE, consideraram que Daniel Silveira foi vítima do "autoritarismo" de Alexandre de Moraes, e se recusam a chamar a ditadura militar de golpe.

Se os apoiadores do presidente se dizem os defensores da liberdade de expressão, por que buscaram censurar os artistas de um festival? Isso não seria uma forma de censura nos mesmos moldes como interpretam o ocorrido com o deputado Daniel Silveira? Como é possível aos bolsonaristas afirmarem que lutam pela liberdade e ao mesmo tempo tecerem elogios à ditadura militar?

Sobre o festival Lollapalooza, a interpretação que mais circulou nos grupos bolsonaristas é a de que a ação do TSE não teria sido censura, afinal os artistas exibiram bandeira de candidato, entoaram gritos de guerra, e isso seria propaganda eleitoral antecipada. O que, segundo os apoiadores de Bolsonaro, diferiria muito do caso Daniel Silveira, pois o deputado não estaria desobedecendo a decisão do ministro do Supremo, mas sim obedecendo e defendendo a Constituição Brasileira. Portanto, com Daniel Silveira, seria censura, já no caso dos artistas seria a correta aplicação da lei.

Analisando o que circulou nas redes, a narrativa que predominou afirmava que o STF teria sido parcial no caso Silveira, e mais, a parcialidade seria o modo corrente de atuação do STF. O Supremo perseguiria os conservadores e estaria dominado por ideais de "esquerda".

Os argumentos, no entanto, não são somente jurídicos. Há também uma disputa moral pelos significados da "liberdade". Anitta, por exemplo, foi classificada como o que há de pior na cultura brasileira, promotora da vulgarização e da promiscuidade. E, segundo este mesmo discurso, a cantora tentaria controlar a mente dos jovens, usando o tema da liberdade de forma deturpada e manipulatória (o que seria típico da forma de agir da "esquerda").

Segundo várias postagens que circularam nas redes sociais, as eleições de 2022 representarão o embate entre o bom senso contra a banalização da podridão; pessoas de bem, contra pessoas vítimas de um sistema de doutrinação. Como uma espécie de divisor de águas da geração atual e das futuras. Em evento de sua filiação ao PL, Bolsonaro disse que, nas eleições de 2022, "nosso inimigo não é externo, é interno. Não é uma luta da esquerda contra a direita. É uma luta do bem contra o mal. E nós vamos vencer essa luta".

Após o que foi explicitado, é possível inferir que a liberdade para o bolsonarismo significa:

Primeiro, uma pessoa é livre dentro dos padrões cristãos e tradicionais. Agir fora deste padrão não seria liberdade, mas sim incapacidade de perceber o que é o melhor para si e para a sociedade. Quem se coloca contra os valores tradicionais cristãos ou estaria sendo manipulado ou seria mau-caráter. Por isso, seria preciso que os conservadores ensinassem para estas pessoas o que é o bem, para que deixem de ser vítimas da manipulação.

Segundo, os valores cristãos são condições necessárias para a verdadeira liberdade. Esses valores teriam sido defendidos durante a ditadura, mas hoje encontram-se ameaçados.

Terceiro, a "esquerda" (ou progressismo, como costumam nomear) é contra o cristianismo e os valores cristãos, perseguindo a igreja e os fiéis.

Quarto, a "esquerda" (ou progressismo), defenderia uma falsa ideia de liberdade, ligada à perversão, à depravação, ao esfacelamento da família. O que a "esquerda" pregaria como liberdade, na verdade, seria apenas uma forma de engodo, utilizada para diminuir o poder dos conservadores e dos cristãos, de modo que o progressismo pudesse fortalecer seu poder de influência na sociedade. Daí ser importante para a "esquerda" controlar as bases da educação (marxismo cultural, gramscianismo), para assim manipular a mente dos jovens e influenciar as gerações (um exemplo atual seria a cantora Anitta, ou o cantor Marcelo D2 dizendo para os jovens tirarem título de eleitor e se colocando contra Jair Bolsonaro).

A defesa da liberdade no bolsonarismo tem ainda uma base individual muito forte.

Para o bolsonarismo, se você é um "cidadão de bem", respeita as regras e os valores cristãos, pode circular livremente, sem receio. É a liberdade entendida como pertencente ao campo privado, desvinculada de valores coletivos universais. Por isso, para o bolsonarismo não é uma contradição apoiar a liberdade e enaltecer a ditadura militar ao mesmo tempo. Estamos diante de uma noção de liberdade que fere as bases da própria democracia.

Não é de hoje que Bolsonaro e seus seguidores mobilizam esse tema para fomentar antagonismos, e certamente, nas eleições de outubro, o pleito se dará, entre outros temas, a partir da disputa sobre o que significa "liberdade".

# ABRIL DE 2022

*Em seus últimos meses à frente da máquina de desmonte institucional, Bolsonaro investia em novas frentes de atuação, como no episódio do indulto concedido ao deputado Daniel Silveira – posteriormente anulado pelo STF. Em seu gesto, importava ao bolsonarismo, sobretudo, ativar a militância daqueles dispostos a sacrificar a sua vida pelo projeto golpista do presidente.*

# CASO SILVEIRA COLOCA A REPÚBLICA SOB A LEI DO MAIS FORTE

## AS INSTITUIÇÕES, QUE DEVERIAM PROTEGER A SOCIEDADE DA LEI DO MAIS FORTE, SE RENDERAM AO PODER DO CAPITAL

**Por: Carla Teixeira**

A crise institucional que assola o Brasil ganhou contornos mais definidos quando o presidente Jair Bolsonaro (PL) concedeu, na quinta-feira (21), feriado de Tiradentes, perdão de pena ao deputado federal Daniel Silveira, condenado pelo STF (Supremo Tribunal Federal) a 8 anos e 9 meses de prisão, em regime fechado, por ataques aos ministros da Corte. Desde então, arvora-se os anúncios de um "golpe de Estado" com a imprensa dando os capítulos da novela que se tornou a Nova República, cada dia mais parecida com a Velha.

O conceito clássico considera "golpe de Estado" movimentos para a tomada de poder que contam com o protagonismo de militares. Tal definição é a que permite muitos intelectuais reconhecidos não considerarem o impeachment contra Dilma Rousseff como um golpe de Estado. No século 21, os fatos evidenciam o quanto esta definição é limitada por não interpretar os golpes dados por setores dos poderes Legislativo e Judiciário, e mesmo a combinação desses grupos com outras facções e organizações da sociedade.

Apesar do forte componente militar, o golpe de 1964, por exemplo, contou com a decisiva participação do Senado, que declarou "vaga a presidência da República", e do STF, cuja sessão na madrugada do dia 3 de abril empossou Ranieri Mazzilli na presidência. Enquanto a nação dormia, tenebrosas transações da burocracia estatal subtraíram a pátria mãe e condenaram seus filhos à perseguição política, prisão, tortura, assassinato, desaparecimento ou exílio durante 21 anos de ditadura militar.

A imprensa corporativa, os partidos de centro/direita, a Igreja Católica, grupos e organizações conservadoras apoiaram a violência para conter um imaginário avanço comunista. Tratou-se de uma ação sinérgica de amplos setores da sociedade brasileira.

Já no século 21, os golpes em Honduras (2009), contra Manuel Zelaya, e no Paraguai (2012), contra Fernando Lugo, tiveram semelhanças assustadoras com o golpe no Brasil (2016), contra a presidente Dilma Rousseff. Aqui, frações do Legislativo, setores do poder Judiciário, do Ministério Público, das Forças Armadas e da imprensa apoiaram o impeachment em nome do "combate à corrupção". Na prática, o que se viu foi a instalação de um governo de corruptos como Michel Temer, Geddel Vieira Lima et caterva.

Como apontou o pesquisador Alvaro Bianchi[31], um golpe de Estado é uma mudança institucional promovida sob a direção de uma fração do aparelho de Estado que utiliza para tal de medidas e recursos excepcionais que não fazem parte das regras usuais do jogo político. O impeachment de Dilma sem crime de responsabilidade abriu a porta do arbítrio, possibilitando a entrada do bolsonarismo como força política nacional que devora as instituições da República por dentro, como um verme.

De focinheira há dias, Daniel Silveira voltou a latir recentemente: recusou-se a usar tornozeleira eletrônica, acampou no Plenário da Câmara e atacou o ministro Alexandre de Moraes às vésperas de ser julgado. Fica clara a intenção de agitar e mobilizar as hordas bolsonaristas contra as instituições (principalmente, o STF), mantendo a tensão entre os poderes enquanto o Executivo, apoiado pelo Legislativo (em sua maior parte, cooptado pelo orçamento secreto) e pelo militares (armados com cargos e verbas), se sobrepõe às instituições

31 BIANCHI, A. Golpe de Estado: o conceito e sua história. Brasil em transe: bolsonarismo, nova direita e desdemocratização. Rio de Janeiro: Oficina Raquel (2019).

submetendo o povo à fome e à miséria causadas por um governo de facínoras descontrolados.

A graça concedida por Bolsonaro gerou grita nos mais amplos setores da sociedade. Juristas, especialistas, organizações e editoriais da imprensa condenaram a ação do Executivo. Em contrapartida, ministros do governo e militares da alta patente estavam eufóricos, em particular, os integrantes do que se convencionou chamar Partido Militar, que disputam com o Centrão o controle da máquina governamental.

Vale lembrar que o próprio general Braga Netto, cotado para ser vice de Bolsonaro, ameaçou as eleições de 2022 e muitos oficiais apoiam as investidas do presidente contra as urnas eletrônicas. No domingo, o ministro do STF Luís Roberto Barroso chegou a afirmar que as Forças Armadas "estão sendo orientadas para atacar o processo eleitoral brasileiro e tentar desacreditá-lo", argumento prontamente rechaçado em nota divulgada no mesmo dia pelo Ministério da Defesa.

No centro do descontentamento militar com o STF estão as anulações das condenações contra o ex-presidente Lula e de outras decisões da Operação Lava Jato, mas também a recente divulgação dos áudios do Superior Tribunal Militar, com seus ministros reconhecendo as torturas cometidas nos porões da ditadura. Para os militares, os áudios prejudicam a imagem das Forças Armadas, cujos oficiais estão envolvidos pessoalmente com o genocídio promovido pela (in)ação do governo que participam durante a pandemia.

Em grupos bolsonaristas nas redes sociais, antes mesmo da condenação de Silveira, já se sugeria a possibilidade do presidente da República conceder a graça institucional. Ou seja, Bolsonaro queria a condenação de Silveira para afrontar o STF contando com o apoio do Legislativo — Pacheco fez o Pôncio Pilatos e já avisou que o Congresso não vai se meter nisso — e das Forças Armadas. Ao fazer valer a lei do mais forte, o bolsonarismo coloca a Nova República de joelhos.

Nesta cena, Jair é "o mito que libertará o Brasil da ditadura imposta pelo STF". Daniel Silveira, o violento bombadão, encarna a semiótica do mais forte, tornando-se o mártir no dia de Tiradentes: ambos heróis contra o arbítrio, brincando com o país enquanto as instituições dormem, como vimos acontecer em muitos episódios ao longo deste governo.

Mas por que as instituições não reagem? A resposta é simples. Houve um golpe de Estado, em 2016. Após uma situação de excepcionalidade institucional, o que passa a valer é a lei do mais forte, como aconteceu na República Velha coronelista do milênio passado. Hoje, Jair tem as armas, as Forças Armadas, as milícias e as polícias, por isso faz o que quer e nada acontece. É ingenuidade — para não dizer má-fé — julgar que vivemos qualquer normalidade institucional após 2016.

As instituições, que deveriam proteger a sociedade da "lei do mais forte", se renderam ao poder do capital. Como resultado, temos o Brasil governado pelo crime organizado que, armado e fardado, flagela os brasileiros enquanto desafia a burguesia branca que quer tirá-lo do poder. A graça institucional concedida por Bolsonaro é clara ao dizer para as instituições da República: "o bolsonarismo é mais forte do que vocês. Querem o poder de volta? Venham tirar". Apenas a urgente união dos mais amplos setores democráticos do país, apoiados por massiva mobilização popular, poderão parar Bolsonaro. A vitória da democracia em 2022 será definida nas urnas, mas principalmente nas ruas.

# JUNHO DE 2022

*A campanha eleitoral estava prestes a começar quando Jair Bolsonaro elegeu o nome de Braga Netto para seu companheiro de chapa. Do ponto de vista eleitoral, eram poucas as razões estratégicas para tal, já que o militar dispunha de pouco capital político. Mas, como se sabe, àquela altura havia assuntos mais importantes para o bolsonarismo se preocupar do que fazer cálculos eleitorais, como, por exemplo, angariar apoio para um golpe de Estado.*

# COM BRAGA NETTO, BOLSONARO ESCOLHE VICE DE OLHO NA CASERNA E EM GOLPE

## COM APOIO JÁ GARANTIDO DO AGRO E DE EVANGÉLICOS, PRESIDENTE MIRA AMPLIAR RESISTÊNCIA GOLPISTA AO RESULTADO DAS ELEIÇÕES

**Por: Vinícius Vieira**

A escolha do ex-ministro da Defesa, o general da reserva Walter Braga Netto, para a vaga de vice na chapa de Jair Bolsonaro sugere que o presidente quer reter o apoio dos militares a todo custo num eventual segundo mandato. As intenções aparentam ser as piores possíveis. Ao indicar um vice sem ouvir o Centrão — que corrompe a democracia, mas, contraditoriamente, existe por causa dela e ajuda a mantê-la sobrevivendo por aparelhos —, o presidente mostra que quer se manter no poder à base da força.

Bolsonaro não apenas mantém a imagem de radical, como pensa o Centrão: ele é o radicalismo em pessoa e deveria ser detido antes que sangue brasileiro seja derramado por armas empunhadas por compatriotas. Ademais, a preferência por um egresso da caserna indica que, em sua campanha para reeleição, o atual ocupante do Planalto dá como garantido a apoio dos evangélicos, grupo que, na média, foi essencial para a vitória em 2018.

Uma coisa é cooptar os pastores, inclusive com o uso de verbas do Ministério da Educação. Outra é contar com o apoio do rebanho todo. Pesquisas indicam que os fiéis de Cristo não são gado. Lula já se aproxima de Bolsonaro nesse segmento religioso, com 35% contra 40% segundo a última pesquisa do Datafolha. Se o PT é um braço do comunismo que procura nos escravizar, como sugere publicação da Igreja

Universal, as ovelhas desgarradas são suficientes para tirar os pastores do paraíso das verbas públicas a partir de 2023.

Então por que Bolsonaro olhou para a caserna para buscar seu vice em vez de priorizar as igrejas senão para satisfazer intenções golpistas? A ex-ministra dos Direitos Humanos e pastora evangélica Damares Alves, que poderia melhorar a performance de Bolsonaro junto ao segmento religioso e às mulheres, corre o risco de sequer se candidatar ao Senado.

Misoginia? Certamente, ainda mais porque o presidente também dispensou outra política de verniz conservador, a ex-ministra da Agricultura Tereza Cristina, com excelente trânsito no agronegócio. Talvez mais que os evangélicos, esse segmento está fechadíssimo com a campanha de reeleição, haja vista a popularidade de Bolsonaro no Sul e no Centro-Oeste.

Embora sob os governos petistas tenha expandido sua presença em mercados internacionais, o agro vê Lula de modo mais diabólico que os pastores evangélicos. Fazendeiros e afins estão com os bolsos cheios — o bolso caro afeta apenas a parte do rebanho que, por viver em situação de insegurança alimentar, não se pode dar ao luxo de continuar a ser ou virar gado.

Achando que o "pix" de fazendeiros e pastores já lhe assegura cerca de um terço dos votos, Bolsonaro, portanto, procura para sua chapa alguém que mantenha o sonho de um golpe unindo militares federais e PMs estaduais. Forças Armadas e bolsonarismo parecem estar em simbiose irreversível, ainda mais depois do endosso do Ministério da Defesa aos ataques do presidente ao sistema de votação.

Portanto, mais do que encampar um projeto de poder dos militares, a Bolsonaro lhe interessa ter um vice oriundo da caserna para manter a carta do golpe na manga. Nesse sentido, pastores e oficiais são gêmeos separados no nascimento: ambos veem em Lula a encarnação do mal na terra cuja morte política compensa o sacrifício da democracia no altar do autoritarismo patrimonialista.

Na pior das hipóteses, caso Braga Netto não unifique a caserna — ainda há democratas de verdade que vestem farda —, o muito provável candidato a vice servirá como uma espécie de seguro contra eventuais ações intempestivas da Justiça Eleitoral. Em caso de vitória, o vice não ficará à margem do golpismo do titular, tal como ocorreu com o general que, atualmente, cumpre o papel de se ajoelhar ao capitão. Hamilton Mourão demonstrou-se desconfortável com aventuras golpistas, como o 7 de Setembro de 2021.

Bolsonaro, assim, pode contar desde já com um parceiro para as inevitáveis tentativas de solapar a democracia que virão até 2026 caso assegure um segundo mandato. Em caso de derrota, ter um militar de patente superior a seu lado indica disposição em mobilizar tropas para melar a eleição — algo que seria muito mais difícil com uma vice mulher, fosse ela oriunda do agronegócio ou dos evangélicos.

Os primeiros sabem que, caso o Brasil passe por uma ruptura democrática, o Ocidente lhes fechará as estreitas portas pelas quais nossos produtos agropecuários adentram mercados desenvolvidos, em particular o europeu. Os últimos se beneficiam mais de uma ordem democrática que de um regime fechado, o qual seria inevitavelmente dominado por militares.

Todo cuidado é pouco com quem tem a ficha corrida contra a democracia, ainda mais em tempos de terremoto geopolítico. Basta lembrar que os militares aconselharam Bolsonaro a ficar do lado de Putin na Guerra da Ucrânia. Vislumbraram nisso a satisfação do interesse nacional ou apenas um exemplo de autoritarismo a ser seguido? A sucessão de efemérides que nos aguarda até o fim deste ano dará a resposta.

# JULHO DE 2022

*Entre o golpe e o caos: como dissemos em comentários anteriores, os planos A e B de Bolsonaro nunca passaram pelas regras do jogo, razão pela qual a derrota de outubro levou à sucessiva revelação de esquemas bolsonaristas, típicos de quem não trabalhava com a hipótese de perder a eleição e transmitir o cargo ao seu sucessor.*

# NA IMPOSSIBILIDADE DE APLICAR O GOLPE, BOLSONARO QUER O CAOS TOTAL

## O BOLSONARISMO SABE QUE NÃO TEM OS ELEMENTOS NECESSÁRIOS PARA DAR UM BOTE EFETIVO NA REPÚBLICA

**Por: Cesar Calejon**

Fundamentalmente, golpes de estado possuem duas características em comum com os assaltos que são praticados cotidianamente nas ruas das principais cidades do país: a primeira remete ao uso da violência para tentar, de forma ilegítima, se apropriar de algo que não lhe pertence por direito. A segunda diz respeito ao elemento surpresa que é necessário para viabilizar essas iniciativas de forma bem-sucedida.

Assim como os assaltantes convencionais jamais anunciam o assalto antes do momento derradeiro, golpistas que têm chances reais de se apoderarem do aparato estatal pela via das armas também não apresentam a suas pretensões antecipadamente. Isso porque, em ambos os casos, perder o elemento surpresa reduz drasticamente as chances de sucesso dos crimes.

Por que, então, Bolsonaro insiste em alardear o seu intuito golpista em eventos que expõem, inclusive, a própria imagem do Brasil no exterior, como na reunião com os embaixadores? Porque o bolsonarismo sabe que não tem os elementos necessários para dar um bote efetivo na República e, na impossibilidade de aplicar o golpe, Bolsonaro quer o caos total.

Neste contexto, o golpe bolsonarista significa implementar o caos e a confusão de forma generalizada para, pelo menos, tentar inviabilizar o resultado da escolha da soberania popular a ser expressa durante o próximo pleito presidencial.

Com o advento da Internet, do smartphone e o aumento da densidade das democracias liberais ocidentais, organizar golpes de estado tornou-se uma tarefa mais complexa, considerando o que era necessário para atingir este mesmo propósito durante a segunda metade do século XX.

Naquela ocasião, bastava controlar os principais veículos hegemônicos de comunicação, alinhar com as forças estrangeiras que eventualmente poderiam condenar o ato e ocupar o Congresso Nacional com os tanques, impondo o domínio por meio do uso da força e encerrando os processos democráticos do Estado de Direito.

Hoje, esta equação é bem mais elaborada. Faz-se necessário o alinhamento de pelo menos cinco elementos distintos para que o golpe tenha sucesso: (1) o domínio dos veículos hegemônicos de comunicação, (2) a cooptação de uma ampla parcela da população nacional, sobretudo da alta burguesia e extratos das classes médias e mais empobrecidas, (3) a aprovação de forças internacionais que estejam dispostas a bancar ou, no mínimo, a tolerar a iniciativa sem questionamentos, (4) o controle de boa parte do Judiciário e do parlamento (Legislativo) e (5) das Forças Armadas.

O bolsonarismo hoje possui, na melhor das hipóteses para as suas pretensões golpistas, apenas uma parte pequena destes elementos. Contudo, a confusão serve ao propósito de embolar o meio de campo, o que daria o argumento ideal para o governo e os militares alegarem uma espécie de instabilidade institucional que impediria a realização das eleições de outubro.

No entanto, esse é um jogo perigoso para o próprio Jair Bolsonaro, porque, caso os militares entendam que ele se tornou uma figura que vale mais sendo descartada do que permanecendo no cargo, eventos infames, como no famoso caso Riocentro — atentado perpetrado por militares durante a ditadura — podem entrar em cena para definir os rumos do país. Neste caso, Bolsonaro estaria fomentando um contexto de caos que pode explodir, literalmente, no seu colo.

# JULHO DE 2022

*Com o país absolutamente exaurido pelo noticiário constante da baderna institucional, seguida pelas ameaças de golpe, ainda que seus intentos seguissem sendo derrotados, o bolsonarismo sempre saía ganhando. Para cada fracasso, uma nova acomodação. E, então, a agenda antidemocrática era incorporada à nossa ordem do dia, na qual discutíamos o golpe com a naturalidade de quem pergunta: faz frio lá fora?*

# BOLSONARO MIRA GOLPE PARA ATINGIR ACOMODAÇÃO

## TUDO QUE BOLSONARO QUER É PASSEAR DE LANCHA COM O DINHEIRO DO CONTRIBUINTE ENQUANTO DIZ UMAS ATROCIDADES E CONTINUA ELEGENDO OS FILHOS

**Por: Murilo Cleto**

Desde 2018, o debate público nacional tem se orientado pela seguinte pergunta: quais as reais chances de Jair Bolsonaro dar um golpe de Estado? Incontáveis artigos, livros e seminários acadêmicos têm se debruçado sobre o tema, que não é fortuito, já que Bolsonaro não apenas é o primeiro apologista da ditadura militar a ocupar a presidência desde a redemocratização, mas, uma vez eleito, fez questão de seguir insinuando, com maior ou menor sutileza, que poderia capitanear uma ruptura institucional.

O roteiro é mais ou menos o mesmo: o presidente faz a ameaça, o debate público se escandaliza, a oposição cobra responsabilização, algum jornalista da Jovem Pan relativiza, o procurador-geral Augusto Aras se finge de morto e mais uma vez nada acontece.

No 7 de setembro último, Bolsonaro levou esse exercício ao extremo. Apoiadores em Brasília produziram imagens tragicômicas celebrando, às lágrimas, uma corrente de WhatsApp que dava como concretizada a decretação de estado de sítio. Muitos se recusaram a deixar a capital federal ou as estradas ocupadas mesmo depois do pedido do então ministro da Infraestrutura, Tarcísio de Freitas.

O episódio é emblemático e pode ajudar a orientar a resposta ao questionamento que abre esse artigo: quais as reais chances de Jair Bolsonaro dar um golpe de Estado? A resposta objetiva seria: quase nenhuma. Se houvesse uma possibilidade factível de autogolpe, os bolsonaristas teriam dado naquele feriado. Vontade não faltou.

Mas esse diagnóstico pode gerar uma reação preguiçosa, que é a de encarar todas as ofensivas antidemocráticas do presidente como meros blefes, coisa que não são. Além disso, uma tentativa de golpe não precisa ser bem-sucedida para ser suficientemente traumática. Basta que algumas dezenas desses fanáticos que vivem intensamente a fantasia bolsonarista vão até o fim com ela, como ocorreu em Foz do Iguaçu, no assassinato do petista Marcelo de Arruda.

Uma hipótese mais realista, no entanto, sugeriria um desfecho menos espetaculoso do que aquele que, em 1964, resultou no exílio de João Goulart.

A essa altura, Bolsonaro já sabe que vai perder a reeleição. E sabe também que são grandes as chances de ser implicado criminalmente em pelo menos algum dos tantos escândalos de seu governo ou pelas incontáveis manifestações de incentivo à violência política. Em maio, quase dois meses antes do episódio em Foz do Iguaçu, Bolsonaro sugeriu "um tiro só ou uma granadinha" para "matar todo mundo" que apoia o ex-presidente Lula.

Apesar de ser um ignorante orgulhoso, Bolsonaro sabe que o Brasil tem uma longa tradição de acomodação. Durante todo o processo de transição, os militares chantagearam o sistema político para que aceitasse a Lei da Anistia nos seus termos. E qualquer iniciativa de revisão depois, ainda que amparada pela carta constitucional e pela legislação internacional, foi tachada de "revanchista".

Isso só foi possível porque, durante o esfacelamento do regime, extremistas da direita tocaram o terror na sociedade brasileira. Plantaram dezenas de bombas em jornais, escritórios de advocacia, entidades de direitos humanos e até bancas de revista. E nada indica que dessa vez seria diferente.

Ainda era noite de 7 de setembro quando a turma do "deixa disso" apareceu para começar a costurar a pax entre o presidente e Alexandre de Moraes. Repercutiu menos do que deveria, talvez porque o ministro tem se destacado como principal polo de contenção institucional do governo, mas, na ocasião, Bolsonaro disse que a parte de

Moraes no acordo previa o arquivamento de inquéritos no Supremo. Se for verdade, é gravíssimo. Se for mentira, também. Fato é que ninguém foi chamado para dar explicações.

Esta, no fim das contas, é a finalidade da retórica golpista. Bolsonaro mira o golpe para colher pelo menos uma acomodação. Bon vivant e notório alérgico ao trabalho, tudo que quer é passear de lancha com o dinheiro do contribuinte enquanto diz umas atrocidades e continua elegendo os filhos. E, para isso, nada melhor do que demonstrar agora uma força que não tem e provocar uma transição vantajosa para si. Com receio de mais tragédias, as instituições podem ceder.

Não se trata de minimizar a ameaça golpista. Bolsonaro nunca fez questão de esconder que sonha com um regime autoritário para chamar de seu. Mas, se as condições não permitirem, uma saída intermediária já seria grande coisa para quem agiu como ele no exercício da presidência.

Durante todo mandato, Bolsonaro fez como um jogador de futebol que, na barreira, fica avançando para encurtar a distância da bola na cobrança da falta. Ele sabe que o juiz é fraco. Cada vez que lhe mandam voltar dois passos, ele dá somente um. E assim vai até o atacante adversário chutar.

O episódio de Foz do Iguaçu não foi o primeiro e não será o último. Os bolsonaristas promoverão a maior arruaça eleitoral da história do país. Vão filmar urnas, ameaçar mesários, distribuir boatos sobre a apuração dos votos, se meter em todo tipo de confusão e até morrer pela causa.

A estratégia parece cruel e de fato é. Enquanto faz declarações ambíguas sobre as urnas e o Capitólio, estimulando seus seguidores fanáticos a promover desordem e mandando-os para morte como kamikazes, Bolsonaro investe pesado no próprio futuro livre de qualquer responsabilização pelo pior mandato democraticamente eleito da República brasileira e desafia os limites da histórica leniência do país com o terrorismo de extrema direita. Em 2022, o Brasil terá a chance de fazer diferente. Assim seja.

# SETEMBRO DE 2022

*Em um dos episódios mais infames de sua extensa lista da Presidência, Jair Bolsonaro convocou novamente manifestações golpistas no feriado nacional do 7 de Setembro, com a novidade de que, nesta data, o país comemorava o bicentenário de quando viu-se independente de Portugal. Como não poderia ser diferente, Bolsonaro dobrou a aposta e transformou aquele dia cívico numa mistura insana de culto evangélico com clube erótico.*

# 'IMBROCHÁVEL': HÁ 70 ANOS, FILÓSOFO VIU VÍNCULO ERÓTICO NA EXTREMA DIREITA

## COMO EXPLICAR QUE O BOLSONARISMO SEJA IGUALMENTE EFUSIVO NA DEFESA DA 'FAMÍLIA' E NO APELO A DISCURSOS EROTIZADOS?

**Por: Rafael Burgos**

No último 7 de Setembro, o presidente Jair Bolsonaro promoveu um de seus comícios, transformando o feriado nacional de Independência em mais um palco para seus crimes, ao utilizar a máquina pública em benefício pessoal. Na ocasião, Bolsonaro aproveitou a oportunidade para desfilar falas sexistas contra a esposa do ex-presidente Lula e repetir o grito de "imbrochável", talvez o auge de seu discurso dirigido a supostos defensores da 'família'.

Essa não foi a primeira vez em que o presidente utiliza o termo, o qual tem sido trabalhado desde sua campanha em 2018. O uso de imagens de cunho sexual e a menção a órgãos genitais são uma frequência quando se trata de Bolsonaro, que chegou a fazer piada de teor sexual com uma criança de 10 anos em live transmitida no dia 10 de setembro de 2020 — o que é crime segundo o Estatuto da Criança e do Adolescente (ECA).

Como explicar que um presidente com discurso fortemente ancorado na 'defesa da família' tenha sido, ele mesmo, o chefe de Estado brasileiro que, em toda a história, mais se apropriou de discursos sexualizados e de forte teor libidinal?

Um estudo clássico do filósofo Theodor Adorno talvez tenha a resposta. Publicado em 1951, com o título de "A teoria freudiana e o padrão da propaganda fascista"[32], o artigo tornou-se uma referência para

32 Editora da Unesp, 2015.

aqueles que buscam compreender o regime de afetos predominante nos movimentos fascistas.

O que distingue a propaganda do tipo fascista, segundo Adorno, é que ela "deve mobilizar processos irracionais inconscientes e regressivos". A partir da leitura de Freud, o filósofo alemão conclui que, nas massas fascistas, predomina um tipo de irracionalidade "não baseada em percepções e raciocínios, mas em um vínculo erótico".

Ao fazer parte de uma coletividade do tipo fascista — tornando-se uma massa, os indivíduos abrem mão de suas subjetividades, permitindo que fantasias inconscientes tomem forma. Segundo Freud, os vínculos de tipo grupais são bastante compatíveis com o amor de natureza homossexual, o que parece explicar o alto grau de excitação provocado pelo coro bolsonarista "imbrochável".

Sob o fascismo, ao estabelecer uma identificação narcísica com o líder, o sujeito transfere a ele todos os seus investimentos libidinais, de modo que "ao fazer do líder seu ideal, o sujeito ama a si mesmo, por assim dizer, mas se livra das manchas de frustração e descontentamento que estragam a imagem que tem de seu próprio eu empírico".

Isto quer dizer que, ao entoar a sua pretensa virilidade diante de apoiadores, o presidente Bolsonaro encenava, ali mesmo, o processo narcísico próprio ao fascismo: vocês são viris porque eu sou.

Como bem destacado por Adorno, para dar corpo a essa fantasia narcísica dos seguidores, um dos artifícios utilizados por esse tipo de liderança é a personificação do 'pequeno-grande homem' — pequeno em sua simplicidade tal qual o cidadão comum, grande em seus dotes sobrehumanos, como sustenta Bolsonaro, um homem de 67 anos, acerca de sua potência sexual.

## A PANDEMIA E AS FANTASIAS DE BOLSONARO

A fantasia de super-homem bolsonarista já havia sido vestida, devemos lembrar, no famoso discurso da "gripezinha", em que o presidente alegou estar imune à covid em razão do suposto histórico de atleta. Como dito nesta coluna pelo pesquisador Jason Stanley, autor de um best-seller sobre o fascismo, naquele pronunciamento Bolsonaro alegou que o Brasil sobreviveria à pandemia, não em razão de medidas sanitárias, mas de atributos masculinos como a juventude e a virilidade.

Não poderíamos esquecer de mencionar, ainda, como em outro discurso famoso, o do 'jacaré', que marcou um de seus surtos contra vacinas, Bolsonaro se disse preocupado com dois possíveis efeitos colaterais dos imunizantes: "nascer barba em alguma mulher ou algum homem começar a falar fino". Isso deixa bem claro como sua rejeição às vacinas guarda forte relação com paranoias de cunho sexual.

## ORDEM E REPRESSÃO?

É lugar comum associar movimentos de extrema direita ou autodenominados 'conservadores' a figuras da repressão ou da contenção sexual, como sugerem os seus discursos, de forte carga moral e desejo de controle dos corpos alheios. Mas, como mostram estudiosos do fascismo, essa paranoia repressiva esconde um desejo inconsciente de liberação sexual, manifestado, como dissemos, em incontáveis passagens do presidente brasileiro ao longo do seu mandato.

Em seu estudo sobre os *Freikorps*, grupos paramilitares que serviram de escada à ascensão do nazismo alemão, o sociólogo Klaus Theweleit[33] investiga a violência nazista a partir das fantasias dos integrantes da milícia, todos eles unidos sob uma forte fraternidade masculina e ódio à figura do feminino — forma de misoginia que, em última instância, privilegia o laço homoafetivo entre homens.

Segundo o historiador da Alemanha Geoffrey Giles, que investigou casos de homoafetividade na polícia nazista[34], "não era fácil distinguir o laço entre homens que os nazistas incentivaram vigorosamente em nome da camaradagem, e deve ter havido milhões de jovens alemães que não tinham uma ideia bem definida sobre essa diferença".

33 THEWELEIT, K. Male fantasies: Women, floods, bodies, history. U of Minnesota Press, 1987.

34 Ver: https://www.jstor.org/stable/3704558

Na mesma linha, em ensaio sobre a estética nazifascista, a escritora Susan Sontag[35] observa como essa simbologia tornou-se, com o tempo, objeto de múltiplas representações eróticas, como no caso de suas botas, cruzes de ferro, suásticas e motocicletas — as mesmas utilizadas por Bolsonaro em passeios junto a apoiadores.

"Por que a Alemanha nazista, que foi uma sociedade repressiva do sexo, se tornou erótica? Como pode um regime que perseguiu homossexuais ter se convertido num estímulo sexual gay?", pergunta Sontag.

A resposta, segundo a própria autora, e na linha do que pontuou Adorno, está na "superfície erótica" dos movimentos de direita supostamente repressivos. À diferença da "castidade" da arte comunista, segundo Sontag, a estética fascista é lasciva e adepta de um erotismo ideal. "O ideal fascista é transformar a energia sexual em uma força 'espiritual' em benefício da comunidade", diz a escritora.

## O BOLSONARISMO COMO ESTÉTICA POLÍTICA

Como apontou o cientista político Jairo Nicolau em seu detalhado mapa das eleições de 2018, presente no livro "O Brasil dobrou à direita"[36], a eleição de Jair Bolsonaro representou o primeiro pleito presidencial brasileiro em que o fator gênero tornou-se um marcador de votos. Isso quer dizer que, em eleições anteriores, não havia um padrão relevante nos votos de homens e mulheres da forma que acontece, historicamente, quando olhamos marcadores de renda e escolaridade, por exemplo.

> *"A assimetria nos votos de homens e mulheres é uma singularidade da disputa de 2018. Desde as eleições de 1989 todos os candidatos competitivos à presidência obtiveram níveis de apoio semelhantes entre os dois gêneros. Isso aconteceu mesmo quando havia mulheres concorrendo. Marina Silva*

35 SONTAG, S. Fascinante fascismo. Bajo el signo de Saturno, p. 81-116, 2007.

36 Companhia das Letras, 2020.

*(2010, 2014 e 2018) e Dilma Rousseff (2010 e 2014) tiveram um percentual de apoio similar entre homens e mulheres"*

Desde então, o bolsonarismo tem conseguido transformar o fator gênero numa importante ferramenta de transferência de votos, o que se refletiu em uma popularidade consistentemente superior entre homens do que com mulheres ao longo dos quatro anos de mandato.

Das motociatas, passando pelo 7 de Setembro com as ruas em verde-amarelo até a tentação por armas de fogo e os discursos sexualizados, tudo isso aponta no mesmo sentido: para além de um movimento ideológico, o bolsonarismo hoje comporta-se muito mais como uma estética política, de modo que bradar sobre seu desempenho sexual, assim como comparar a aparência da primeira-dama com a esposa do seu adversário Lula — os dois principais momentos do ato da última quarta — tornaram-se mais importantes para mobilizar as massas do que promessas de natureza social e econômica.

Sim, a guerra cultural bolsonarista está viva como nunca, mas se engana quem pensa que ela se baseia na defesa de valores. A disputa de outubro será, fundamentalmente, travada no campo estético, arena na qual o presidente se sente à vontade para performar modos de ser e de sentir, buscando inspirar aqueles que clamam por um Brasil mais 'vigoroso e potente' — em outras palavras, um Brasil masculino.

# OUTUBRO DE 2022

*Na reta final da campanha eleitoral, o bolsonarismo deu mostras definitivas de sua "cristandade", transformando o templo de Aparecida, em São Paulo, em palco de hostilidade, violência política e, naturalmente, manifestações idólatras ao seu Messias.*

# NAS URNAS, CATÓLICOS DEVEM DAR RESPOSTA À ARRUAÇA DE BOLSONARO EM APARECIDA

## JAIR MESSIAS BOLSONARO TEM APENAS NO NOME A ALCUNHA DE SALVADOR, POIS SUAS ATITUDES NADA DEVEM A UM VERDADEIRO ANTICRISTO

**Por: Vinícius Vieira**

Peço licença ao leitor, pois, desta vez, não lhes escrevo no papel de acadêmico. Quem fala é um cidadão brasileiro católico apostólico romano. Comecei a pensar neste artigo enquanto ia a Roma para compromissos profissionais. Rascunhei-o enquanto meus passos pelas ruas da cidade eterna levavam-me ao Vaticano, a colina onde se deu o martírio de São Pedro e onde está a basílica que leva seu nome. Finalizo-o sob o choque da arruaça que bolsonaristas fizeram neste 12 de outubro no maior santuário dedicado à Virgem Maria no mundo.

Em resposta a tal episódio, os católicos do Brasil — que já demonstram menor propensão a votar em Jair Bolsonaro (PL) — deveriam ir às urnas no segundo turno vestidos de azul, a cor do manto sagrado de Nossa Senhora Aparecida, cuja basílica foi profanada por covardes vestidos de amarelo, que adoram não o Deus feito homem no ventre de Maria, mas o vendilhão do templo da democracia, aquele que se ajoelhou perante a morte e entregou a vida de 400 mil compatriotas que, sem vacina, sucumbiram à pandemia.

Jair Messias Bolsonaro tem apenas no nome a alcunha de salvador, pois suas atitudes nada devem a um verdadeiro anticristo. Ele é o homem que diz que as minorias devem se curvar à maioria. Caro irmão, cara irmã católica: sabia que em menos de 10 anos devemos ser pela primeira vez uma minoria religiosa no Brasil? Não vejo problema em conviver com uma maioria evangélica ou de qualquer outra fé, mas me preocupa o poder dos pastores dentro da lógica bolsonarista.

Quando formos minoria, será que sacerdotes que mais pensam no bolso e na política do que em levar a palavra de Cristo sentir-se-ão livres para atacar os símbolos católicos? Lembrem-se, caríssimos, dos chutes desferidos por um pastor da Universal contra a imagem de Aparecida em 1995: hoje, essa mesma igreja é aliada incondicional de Bolsonaro e comanda o Republicanos, partido de Tarcísio de Freitas, candidato do presidente ao governo de São Paulo.

Pensem, ainda, na ação de evangélicos intolerantes — uma minoria no segmento, claro — contra terreiros das religiões de matriz afro-brasileira: hoje são eles a terem imagens quebradas e templos incendiados.

Enfim, quem assegura que, amanhã, não seremos nós as vítimas do fanatismo político-religioso de modo constante tal como fomos neste 12 de outubro? Não se deve misturar religião com política, mas, quando um chefe de Estado inepto como Bolsonaro embaralha esses dois domínios, não podemos ser ingênuos. No longo prazo, o risco de perseguição a quem é minoria religiosa ou, sendo parte da maioria, não se conforma integralmente a supostos dogmas jamais pode ser desprezado.

Por isso, solidarizo-me com os cristãos não católicos e membros de quaisquer religiões que querem se libertar do jugo bolsonarista, mas são oprimidos pelos seus supostos irmãos de fé tomados pelo fanatismo político e líderes religiosos que sacrificam a democracia e a própria religião. São os Judas Iscariotes da atualidade. O apóstolo, que até hoje é sinônimo de deslealdade, entregou Cristo aos romanos por 30 moedas de prata. Pastores imitam-no ao destruir políticas públicas e a própria democracia em troca de barras de ouro reluzentes — expressão-mor da covardia de quem diz defender o sagrado, muito embora se entregue ao profano na primeira oportunidade.

Se tivessem vivido na Roma Antiga, os camisas-amarelas que agrediram a imprensa e vaiaram sacerdotes católicos em Aparecida teriam sido aqueles a se regozijar ao ver cristãos devorados por leões. Não à toa votam em alguém que ironizou pessoas que se mataram na pandemia e imitou aqueles que, com covid, faleceram sufocados diante da inércia do poder público.

Amarelo virou a cor dos covardes. O azul que protege nossa mãe negra é símbolo de esperança e paz. Para além das convenções religiosas, o manto de Aparecida esteve como metáfora na conquista esportiva que uniu o Brasil pela primeira vez independentemente de credo, raça e origem social. O então chefe da delegação brasileira na Copa de 1958, o empresário Paulo Machado de Carvalho, disse que as camisas azuis com as quais jogaríamos seriam como o manto de Aparecida.

Questões religiosas à parte, o fato é que, mesmo saindo atrás da anfitriã Suécia, vestida de amarelo, viramos o placar e conquistamos nosso primeiro título mundial no futebol masculino por 5 a 2.

Ecoando o espírito de 1958, nestas eleições, o azul pode se tornar a cor do triunfo da democracia contra a intolerância político-religiosa. Carvalho, aliás, nada estaria contente com o fato de duas das empresas de comunicação que já pertenceram a sua família, a Record e a Jovem Pan, terem se tornado bolsonaristas. Além de estar associado à covardia, amarelo lembra a derrota humilhante do 7 a 1, além de nosso esfacelamento como nação diante de canalhas de toga, coturno e Bíblia na mão — os vendilhões da igreja e da democracia.

Por isso, independentemente da religião, se você é contra a mistura de política e fé, vá às urnas de azul no próximo dia 30. Quem é católico e devoto de Nossa Senhora Aparecida tem uma razão a mais para fazê-lo: livrar-se daquele que, amanhã, quer claramente que nos curvemos a um governo de pastores nada alinhados com a palavra de Deus.

As cenas de 12 de outubro sugerem, novamente, que o Bolsonaristão que se anuncia é anticatólico, anticristão e desumano. Que aqueles com sede de justiça, crentes ou não, sejam saciados no altar da democracia em 30 de outubro.

# OUTUBRO DE 2022

*Se Aparecida parecia pouco, o país viu-se diante de um mês verdadeiramente terrorista trilhado pelo bolsonarismo em sua cartada final: do "guerreiro do povo" Roberto Jefferson atirando granadas contra a polícia até campanhas fraudulentas atiçando o medo nas redes sociais, sua máquina de crimes trabalhara a todo vapor.*

# DE OLHO EM 2026, BOLSONARISTAS FAZEM VISTA GROSSA AO GOLPISMO DO PRESIDENTE

## OS PILARES DO GOVERNO BOLSONARO — AGRONEGÓCIO, EVANGÉLICOS, EMPRESÁRIOS E MILITARES — TERÃO ACESSO A RECURSOS POLÍTICOS PARA SE OPOR A LULA SEM O CAPITÃO

**Por: Vinícius Vieira**

Roberto Jefferson jogando granadas contra a polícia, 'radiogate' no Nordeste e em Minas, reunião de emergência com ministros militares, proposta inconstitucional de adiar o segundo turno: desde o último domingo, vivemos praticamente uma tentativa de golpe a cada 24 horas.

Assim, o presidente Jair Bolsonaro (PL) vai encerrando sua busca por um segundo mandato. Os que sempre subestimaram o atual chefe de Estado tendem a dizer que os insucessos dele refletem limitações intelectuais e políticas. A realidade, porém, parece-me mais complexa: com os resultados do primeiro turno demonstrando que o bolsonarismo é maior que Bolsonaro, aqueles aliados já eleitos têm poucos incentivos para se engajar, hoje, numa subversão da ordem. Eles estão em condições de mudá-la por dentro, em especial no legislativo federal.

Na prática, portanto, o capitão começa a ser abandonado por seus partidários. Na coletiva do radiogate – campanha fraudulenta que denunciou suposta manipulação na propaganda eleitoral de rádios do Nordeste –, o presidente evitou elevar o tom contra Alexandre de Moraes, presidente do Tribunal Superior Eleitoral (TSE), por falta de apoio dos aliados. Não, caro leitor, cara leitora: nem Bolsonaro nem o bolsonarismo — este entendido como um movimento de extrema direita — estão mortos. Todavia, a criatura — o fenômeno de massas de direita mais bem-sucedido da história do Brasil — pode tranquilamente sobreviver e impor sua agenda à sociedade sem que seu criador comande o governo federal.

Para quê aliados mais ideológicos, com mandato garantido para os próximos quatro anos, vão apoiar o adiamento do calendário eleitoral, sob o risco de colocar em xeque seus mandatos? A troco de quê aqueles mais pragmáticos vão perder a oportunidade de barganhar apoio com Lula, ainda mais com orçamento secreto disponível? O presidente da Câmara, Arthur Lira, já disse que vai cumprimentar o petista caso eleito.

Confirmadas as expectativas, Lula deve ser eleito neste domingo para um terceiro mandato, vestindo não mais a roupa de líder sindical convertido em político social-democrata, mas o traje que no pós-ditadura caberia a Tancredo Neves e foi usurpado pelo destino. Será a oportunidade para consolidar as conquistas sociais da Constituição de 1988 em meio à luta para reindustrializar o país. Espero que o ex-presidente, diferentemente do que fez em seus dois primeiros mandatos, não seja pragmático a ponto de empoderar ainda mais o agro e os pastores evangélicos, hoje alicerces do bolsonarismo e seus inimigos declarados.

Nesse cenário, Bolsonaro continuará a bradar "Deus, pátria, família e liberdade", a defender que foi vítima de fraude, e arrastar seguidores no pântano das redes sociais, disputando a primazia à direita com gente que terá acesso ao cofre, a começar por Romeu Zema, governador mineiro eleito pelo Novo, que tende a se tornar o queridinho do PIB que hoje enche os cofres da campanha fascista com doações milionárias.

Não duvido, porém, da capacidade de outros atores de extrema direita ganharem força no pós-Bolsonaro, notadamente o vice-presidente e senador eleito Hamilton Mourão (Republicanos-RS) e o ex-juiz Sergio Moro (União Brasil-PR), representando respectivamente as alas militar e lavajatista que levaram Bolsonaro ao poder.

Caso seja defenestrado do Planalto, o atual presidente, por sua vez, deve manter força entre pastores, o que lhe dará grande vantagem para buscar novamente o poder em 2026. Nesse cenário, a manutenção de sua capilaridade política vai, porém, depender da vitória cada vez menos certa de Tarcísio de Freitas (Republicanos) no governo de São Paulo, o segundo maior orçamento do país.

Ou seja, o desespero de Bolsonaro não se dá apenas pelo temor de perder o poder, mas de jamais retomá-lo, pois não se dá golpe sozinho. Os pilares do governo Bolsonaro — agronegócio, evangélicos, empresários nacionais e militares — terão acesso a recursos políticos para se opor a Lula sem o capitão. Resta-lhe, assim, a plateia de seguidores fanáticos e torcer para que, em 2026, a extrema direita — seja ela raiz ou oportunista — ainda precise dele.

# OUTUBRO DE 2022

*Finalizado o 2º turno, no dia 30 de outubro de 2022, a coluna Entendendo Bolsonaro começava a trilhar sua despedida, não sem antes esboçar uma breve cronologia contendo alguns dos episódios mais infames aos quais a República brasileira havia presenciado. Na vitória de Lula, avistava-se, antes de tudo, o retorno ao que mais nos faltara nos anos anteriores: o trivial.*

# PARTIDO AO MEIO, PAÍS DÁ SEU PRIMEIRO PASSO DE VOLTA AO TRIVIAL

## EM 30 DE OUTUBRO DE 2022, O PAÍS DÁ O SEU PRIMEIRO PASSO DE UM LONGO E TORTUOSO RETORNO AO TRIVIAL. QUE SEJA BEM-VINDO

**Por: Rafael Burgos**

Vagou sem destino pelo mar, travou a mais árdua das batalhas, nas mãos de deuses escapou ao precipício e, ao fim, voltou para casa como um mendigo. Tal qual Ulisses, personagem da Odisseia, neste domingo (30) o Brasil assiste ao desfecho de sua luta homérica para voltar ao trivial.

Pois é disso que falamos, caro leitor: na vitória em segundo turno do ex-presidente Lula mora todo o cosmo de um país, quando a grandiosidade do desfecho contrasta com a mais prosaica das motivações.

Aos brasileiros que por ora comemoram pelas ruas, se lhes pedimos que, com o olhar, alcancem essa conquista é provável que todos olhem para baixo: pisar firme antes de mirar longe — quando o mais banal torna-se o mais grandioso, eis o nosso heroísmo possível.

Nessa dura caminhada de volta para casa, nos tornamos mais indigentes, mais depressivos, mais intolerantes. E tudo isso, afinal de contas, não foi para vislumbrar a terra prometida, mas para que, no fim do dia, mães pobres possam vacinar seus filhos contra doenças infecciosas.

Tudo isso foi para que o presidente do Brasil não faça propaganda de remédios falsos, convocando o povo para a morte, pois, afinal de contas, tem medo de perder a eleição.

Tudo isso para que o ídolo daquele que foi eleito para governar o Brasil, de preferência, não seja alguém que tinha por costume enfiar ratos na vagina de mulheres em centros de tortura.

Tudo isso para que, ao ver milhares de brasileiros morrerem diariamente numa pandemia, o ministro da Saúde recomende máscaras e distanciamento social, em vez de tomar sol, ficar feliz e fazer exercício.

Tudo isso para que a educação seja conduzida por educadores, e não por uma penca de pastores, capangas e fardados.

Tudo isso para que a política externa brasileira seja conduzida por diplomatas, e não pelos traumas pessoais de um ex-astrólogo.

Tudo isso para que as credenciais do chefe da Fundação Palmares não sejam odiar Zumbi dos Palmares.

Tudo isso para que ter xingado a mais premiada atriz do país não seja um critério de promoção à Secretaria de Cultura.

Tudo isso para que o Ministério do Meio Ambiente seja chefiado por um ambientalista em vez de um acusado de favorecer madeireiros.

Tudo isso para que o Ministério da Mulher, da Família e dos Direitos Humanos, de fato, tenha apreço pela mulher, pela família e pelos direitos humanos.

Tudo isso para que o resultado do PIB brasileiro seja comentado pelo próprio presidente da República, e não por um humorista contratado para o seu lugar.

Tudo isso para que a urgência da fome, e não vídeos caseiros de zap sobre urnas, seja o assunto da reunião com embaixadores.

Tudo isso para que a política pública de saúde numa pandemia se baseie em instituições científicas, e não nos comentários de uma ex-atacante da Superliga de Vôlei.

Tudo isso para que uma criança de 10 anos não seja submetida a constrangimento público pelo líder da nação após fazer com ela, em transmissão ao vivo, uma piada de cunho sexual.

Tudo isso para que, em seu discurso de posse, o presidente brasileiro convoque 212 milhões de brasileiros para discutir fome e desigualdade, em vez de 'ideologia de gênero' e 'politicamente correto'.

Tudo isso para que o Estado brasileiro não empregue supremacistas brancos e neonazistas 'zoeiros' em seu quadro de funcionários.

Tudo isso para que o maior parceiro comercial do país não seja alvo de falas racistas de membros do governo brasileiro.

Tudo isso para que "lobo mau" seja apenas um personagem do folclore, e não o adjetivo escolhido por uma ministra de Estado para elogiar o presidente.

Tudo isso para que o Supremo Tribunal Federal não lave as mãos diante de PECs inconstitucionais, pois, afinal de contas, tem medo de sofrer um golpe de Estado.

Tudo isso para que o fomento a clubes de tiro não seja um objetivo estratégico da política nacional de segurança pública.

Tudo isso para que o ocupante do Planalto não estimule uma guerra civil ao convocar seus seguidores para uma revolta armada contra autoridades estaduais.

Tudo isso para que o mandatário brasileiro não acredite ser ele, realmente, a Constituição.

Tudo isso para que "não vou esperar foder a minha família" não seja um critério de indicação do chefe da Polícia Federal.

Tudo isso para que, em discurso de campanha, o político eleito ofereça a seus opositores outras opções além de morte ou exílio.

Tudo isso para que o chefe de Estado brasileiro vá à ONU discutir os desafios do mundo e a liderança do Brasil, em vez de comemorar a redução de 1,7% no preço da gasolina em Piraporinha do Norte.

Tudo isso para que os atributos físicos da primeira-dama francesa, bem como da esposa de adversários políticos, não sejam assunto de governo.

Tudo isso para que, após um atentado terrorista com motivações políticas em solo brasileiro, o líder do país não silencie, pois, afinal de contas, tem simpatia pelos terroristas.

Tudo isso para que o ministro da Educação tenha educação. E, de preferência, não distribua bíblias com sua foto em eventos do MEC.

Tudo isso para que, durante uma pandemia mortal, crianças de colo possam utilizar máscaras sem serem violentadas por aquele que ocupa a cadeira presidencial.

Tudo isso para que, na celebração do maior feriado nacional, a autoridade brasileira convoque o povo para um ato cívico, e não para um culto ao seu órgão genital.

Tudo isso para que jornalistas mulheres não sejam acusadas pelo presidente da República de oferecerem sexo em troca de informações.

Tudo isso para que a Fundação Nacional do Índio seja comandada por quem não odeia os povos indígenas.

Tudo isso para que um aliado político do presidente não atire granadas contra a Polícia Federal, logo após caluniar uma ministra do Supremo.

Tudo isso para que, ao ser perguntado sobre um ato terrorista em solo norte-americano, o articulador da política externa brasileira não ameace repeti-lo no Brasil, lamentando o baixo número (5) de policiais assassinados na ocasião.

Tudo isso para que, em uma live para milhões de pessoas, o presidente do Brasil não convoque seus seguidores a invadir leitos de UTI em meio a uma crise sanitária.

Tudo isso para que o chefe de propaganda nazista não inspire um prêmio nacional de cultura.

Tudo isso para que a Ku Klux Klan não seja homenageada por apoiadores do presidente.

Tudo isso para que o Ministério da Economia não seja um cabide de empregos para jovens cuja experiência profissional consiste em ver vídeos sobre bitcoins no YouTube.

Tudo isso para que militares da ativa não ameacem o país com golpes de Estado.

Tudo isso para que, ao visitar o Brasil, um turista japonês não veja o líder daquele país fazer piada com o tamanho de seu pênis.

Tudo isso para que "fritar hambúrguer" não habilite alguém ao cargo de embaixador dos Estados Unidos.

Tudo isso para que as Forças Armadas cuidem daquilo para o qual são "armadas" — a fronteira — e não do processo eleitoral.

Tudo isso para que o chefe da Força Nacional não parabenize a bravura de policiais (ilegalmente) amotinados.

Tudo isso para que o nome de Deus não seja, diariamente, utilizado em vão pelo chefe de um Estado laico.

Tudo isso para que o presidente de um país vizinho não seja falsamente acusado pelo mandatário brasileiro de cometer atos terroristas em metrôs.

Tudo isso para que o lema do Integralismo, o fascismo brasileiro, não seja recuperado pelo governo federal.

Tudo isso para que, ao se reunir com o chefe de Estado português, o mandatário brasileiro tenha assuntos relevantes a se discutir antes de fazer, com ele, piadas de cunho sexual.

Tudo isso para que o ministro da Saúde saiba o que é o SUS.

Tudo isso para que fuzilar adversários políticos não faça parte do vocabulário do presidente.

Tudo isso para que a Procuradoria-Geral da República seja uma instituição republicana.

Tudo isso para que o comandante em chefe das Forças Armadas não convoque as três forças para promoverem um ato terrorista contra o prédio de um Poder da República.

Tudo isso para que o presidente se comunique regularmente com o povo, e não apenas com seus seguidores.

Tudo isso para que o chefe do Legislativo não seja linchado e o seu sucessor, subornado pelo Planalto.

Tudo isso para que, ao encontrar um poderoso homem de negócios norte-americano, o líder brasileiro não ofereça a Amazônia para os Estados Unidos explorarem.

Tudo isso para que o presidente da República não perdoe crimes de um deputado que, por ter ameaçado golpe de Estado, virou seu aliado próximo.

Tudo isso para que, quando questionado sobre compatriotas que morreram torturados pelo Estado brasileiro, o vice-presidente tenha qualquer outra coisa a dizer a suas famílias que não "apurar o quê, os caras já morreram tudo, pô".

**NESTE 30 DE OUTUBRO, O PAÍS DÁ O SEU PRIMEIRO PASSO DE UM LONGO E TORTUOSO RETORNO AO TRIVIAL. QUE SEJA BEM-VINDO.**

Papel **pólen bold 90g/m²**

Tipologias **GARAMOND** 8, 10 e 12, **BEBAS NEUE** 14 e 24 e **BOOK ANTIQUA** 12 e 20

Impresso no **Outono/2024**